改訂新版

ものの見方について

笠 信太郎

角川文庫
21132

改訂新版の序

　終戦のどさくさがまだ十分におさまりきらぬ昭和二十五年の夏、この本の第一版を出したのであったが、早いもので、それからもう十五年が経ってしまった。幸にして、引つづき版を重ね、たくさんの若い人々に読まれているのは、著者としては望外の仕合せであって、いささか感慨深いものをおぼえざるを得ない。

　しかし、読まれれば読まれるほど、著者としての私は、かえって責任の軽くないことを感じないわけにはゆかない。ことに私は、この本のなかの「日本」の章は、当時思うようにうまく書けなかったものである。いや、ただ書けなかったというだけでは当ってはいない。というのは、いわゆる「考え方」とか「ものの見方」とかいうものが、イギリス、ドイツ、フランスについては、多少とも何かを探りあてたような感じを私はもっていたのであるが、肝腎《かんじん》の自分たち自身の日本については、その「考え方」について、ここだというところを捉《とら》えるところまでは行けなかったのである。そこで、これまでの版では、この問題の解明については、いましばらくお預けにしてもらいたい旨を書いておいたわけであった。この約束は、その後も私を悩ましつづけた。

それがこんどで解決したとは、われながら言えない。しかし、この問題に対して、いまは幾らかでも落着きをもって応《こた》え得るように考えるので、この際、前々からの約束をふんで、自分として一応の義務を果したいと考えたのである。

そこで、ここに「日本」に関する比較的に長い章を、ほとんど書き改め、多少とも積極的な見解を大胆に述べてみた。そして、そのついでに、イギリス、ドイツ、フランスに関する部分にも、多少の筆を入れることを許してもらって、全巻を改訂新版として刊行することにした。

この際、一つ気がついたまま書き添えておきたいと思うのは、私はこの本の中では、あくまでそれぞれの国民の「ものの見方」乃至《ないし》は「考え方」をとり上げたのであって、それも主として、社会、経済、政治といった社会的な方面についての頭の動かし方、摑《つか》み方、またはその論理といったことである。したがって、近ごろ流行の文化の形態というところまで突き進もうというのではない。それはまた別だと私は考えている。

昭和四十一年三月十五日

湘南茅ケ崎《しょうなんちがさき》の茅屋《ぼうおく》にて

笠　信太郎

序

――初版のためのことば――

これは私の欧州からのみやげ話である。

私は、家の少年少女たちにも聞かせるようなみやげ話を一度まとめてみたいと思っていた。そういうつもりで始めたものが、つい、このようなものになってしまった。目的には副《そ》わなかったわけである。主な部分は、昨年の夏、長野県や山形県などの教育会その他で話したものや、二、三の雑誌に断片的に書いたものを改めて敷衍《ふえん》し、一本の話にまとめたものである。それでも若い人達にも読んでもらうように、できるだけやさしく書いたつもりであるが、持前の拙《つたな》い筆はどうにもならない。果して私の考えていることを読み取っていただけるかどうか。

私が日本に帰ってきてからずっと痛感していることの一つは、我々日本人には、一般的にいってまだ自分の考えというものが欠けているということである。戦争前には、それでも何かしらしっかりした考えを持っているように我々は感じていた。しかしそれは、極端にいうと、敗戦と共に一挙に吹き飛ぶようなものであった。いまは何もないという空虚な感じが、多くのまじめな若い人達を支配しているように思われる。かと思うと、あり合せの一つの思想に手当り次第に飛びついて、特攻精神から共産主義へと三段飛びをしたような人も多いという。これも自分の考えを持ったとはいえない。自分の「考え」を持っていないということは、この考えを作りあげるための「考え方」を持っていないということである。料理を作るには、調理法の心得がなくてはできない。ただ何かの思想を持つことは、そうむつかしいことではない。それには出来合いのいろいろの思想があるからである。日本は今日まで、いつもそういう出来合いの西洋の思想を貰《もら》ってきて、サシ根して育てようとした。デモクラシーにしても今度がはじめてではなかったが、サシ根ではやはりはげしい嵐や旱天《かんてん》には堪えきれず、過去においてはいつも枯らしてしまっている。しかしほんとうに自分の考えを持つためには、それを持つ手段としての自分の「考え方」がなくてはならない。その考え方が我々にないならば、新たに学ぶほかはないのである。

そういうわけで、いまの世界を覆うている文化の源流である西ヨーロッパに、もう一度、考え方をたずねてみる必要を私は感じたわけである。一つの出来上った思想の裏には、それを作った一つの考え方がある、頭の動かし方がある。思想ばかりでなく、或《あ》る国民の政治や経済、いな生活そのものも、その背後に一つの考え方、ものの見方を持っている。そこで旅行者としての私が取上げたのは、西欧でも北寄りの国を代表するイギリス、中欧の典型を打出しているドイツ、ラテン系諸国の心臓であるフランスである。一様に欧州と言い、欧州文化と言うけれども、近づいてみれば、それぞれ全く別の世界がそこに花を開いている。この花の種が、方々に散り飛んで、新しい土壌の上にも芽を吹いている。アメリカ合衆国の考え方は、また独自の特徴をもつものであろうが、その系統を求めるならばイギリスに一ばん近いといって差支えはあるまい。ソヴィエット・ロシアは、ドイツに生れ故郷をもつ思想を、東方の荒野に植えつけたもので、ドイツ風の一元論が、近代社会の自由な個人意識を十分に経過していないロシア民族と結合することによって、いよいよ妥協を知らない、特異な相貌《そうぼう》をもった、はげしい教理主義が出てきている。バルカンその他、いわゆる東欧諸国の多くは、このロシアで出来た教理が政治的軍事的な力をもって押しつけられている国々で、これら本来性格の弱い牧歌的な国民は、ユーゴースラビヤという一国を除いては、つい戦時中までは厭々《いやいや》ながらナチス・ドイツの風潮に靡《なび》いていたし、ドイツの圧力に対して、はかばかしい反抗を試みることもしなかった。ドイツに抗しつづけたユーゴーだけが、いまロシアの傘下《さんか》に入ることを嫌っているのは、単なる歴史のたわむれではあるまい。

話はそこまで拡げるわけにはゆかなかったが、私は、自分がそこを旅し、そこに住んで、我が身で得た多少の体験を通して自分にわかると信じたかぎりを、そのままみやげ話にした。自分の実感がどこまでも最後の頼りで、学問的に云々《うんぬん》しようというわけではない。私はただそう感じ、そう考えたというだけのことである。また、話の性質上、ドイツ人の考え方やイギリス人のものの見方を、多少ともハッキリした型として打出さねばならないので、その点も誇張のそしりは免かれないであろうが、それは話をできるだけ分りよくしたいという念願からであることを承知していただきたい。結論というほどのものをつけていないこの話は、どうか部分的にでなく、全部を一筋の話として、通して読んでいただくことをお願いしておきたい。

それはともかく、現代に処する我々として、いままで何か全く欠けていたものがあって、それを埋める必要があるということだけでも理解されるならば、それだけで問題の糸口は見つけられたことになるはずで、この欠陥を何をもって埋めるかは、やがて聡明《そうめい》な人々が明かにしてくれるであろう。

私のこの遅ればせのみやげ話は、甚だお粗末なものであることを自覚しているが、旅に出れば何か分相応の記念品を持ち帰るのは世のならわしで、私もその世間の義理の一端を果すだけである。

序《ついで》ながら、この原稿を整理しているうちに、私の深い関心を呼ぶ二つの書物が世に出た。その一つは、イギリスの詩人ブランデン氏の『日本遍路《にほんへんろ》』である。日本人のためにいろいろ親切な言葉を残していってくれた詩人は、こういうことも言っている。

「私は、この年になって、これが真実だ、これがその問題に対する結論だ、とふれ廻ることは、いつになっても危険千万であることに気がついた」と。この言葉は、私のようなものの言い方をするものには、正に頂門《ちょうもん》の一針であった。ただブランデン氏のそうした考え方が、本書のなかでいうイギリス風の考えを典型的に出したものであることを指摘して、読者の味読をおすすめしておきたい。

いま一つは、故三浦新七《みうらしんしち》博士の遺稿が『東西文明史《とうざいぶんめいし》論考《ろんこう》』という名で、立派な装いをもって出されたことである。これは、世界史の構想をもって国民性の問題を照明し、前人未踏の境地を拓《ひら》いたものである。国民の考え方の問題について関心をもたれる方が、この文化の源泉を究めようとした書物を繙《ひもと》かれたなら、尽きざる興味を見出《みいだ》されるであろうとともに、絶大の益を得られるであろうと信ずる。

昭和二十五年夏

笠　信太郎

本書では、一、二の例外をのぞいては、現在の慣用により新かなづかいによった。私自身は、新かなづかいは根本的に再検討さるべきものと考えているが、いまこれに慣れている人々にも読んでもらう場合を考えて、一応そうしたに過ぎない。この重大問題が、いまの恐るべき混乱から一日も早く脱却することを願わざるを得ない。

著者

目次

ドイツ

フランス

日本

イギリス

歩きながら考える

イギリス人は歩きながら考える。フランス人は考えた後で走りだす。そしてスペイン人は、走ってしまった後で考える。——

誰れが最初に言いだしたことかは知らないが、かつての国際連盟事務局長、後にはオクスフォードでスペイン文学を講じたこともあるスペインの明敏な外交官、マドリヤーガが書いたことである。

この筆法でいうなら、ドイツ人もどこかフランス人に似ていて、考えた後で歩きだす、といった部類に属するといってよいかも知れない。歩きだしたら、もうものを考えないというたちである。それでは、これに型どっていったら、我々日本人は一体どういうことになるだろう。この四つの型の中のどれに似ているだろう。という我々自身の問題は、しばらく預かることにして、まず話をイギリス人から始めてみる。

イギリス人は歩きながら考える。——と、走った後であああこれはしまったと考えるスペイン人の一人が批評している。むろん、喩《たと》え話にすぎないが、これはよくイギリス人の性格を摑《つか》んだものだと私は感心する。

なるほど、歩きながら考える、ということになると、あまりむつかしいことは考えるわけにはゆくまい。ひどく理窟《りくつ》っぽい学問的なことや哲学めいたことなどを考え考え歩いていたら、自転車にぶッつかったり、自動車にハネ飛ばされたりしないとは限らない。歩きながら考えられるようなことは、第一に平明な、やさしいことでなくてはなるまい。それに自分が歩いているということも、同時にしょっちゅう考えていなくてはいけない。ということは、歩いていても、よく四方に眼を配って、路上のものにも気をつけていなくてはならぬということである。町角から何が飛び出してくるかわからない。足もとにも気をつけないと、小石につまずくかも知れないというわけである。

これを言いかえると、歩きながら考えてゆくのであるから、いわば実行と思想が離ればなれではなく、大体に平行しているということであろう。そういってしまえば何でもないようであるが、これはそう簡単なことではない。ドイツ人やフランス人のように、歩いたり走ったりしているときには、もう何も頭の中にはないというのではない。不断に、いろいろのことに気を配っているということでなくてはなるまい。

一七八九年に、フランス人は、史上有名な大革命をやった。このフランス大革命は、いろいろの理由から起ったことには相違あるまいが、思想としては周知のようにジャン・ジャック・ルソーなどの学説に出発して、王や貴族や僧侶《そうりょ》などに対する新興市民の平等な権利と自由を主張したものであったといわれている。このときフランス人は、いわばまず筋を通して立派に考え、それから一目散に走りだしたわけであるが、走りだしてからはフランス人はもうあまり考えようとはしなかった。ところが、このフランス大革命を海の彼方《かなた》から見ていたイギリス人は、当初はずいぶんこの革命に賛成し同情をも表したが、しかし決して一緒には走りださなかった。じっと事の成行《なりゆき》を眺めているうちに、イギリス人はこの走りだしたフランス人の止めどのない行動にたちまち疑問をもちだした。フランス革命は、当初の立派な考えにもかかわらず、すぐに左翼のジャコバン党による恐ろしい恐怖政治に落ちていった。それがとことんまで行くと、一転してフランスはナポレオンに率いられて国を挙げての対外戦争へと走ってしまった。フランスは、それから二十年間戦争のために走りつづけ、おかげで全欧州を戦火のなかに捲《ま》き込んでしまった。

一緒に走りださなかったイギリスは、この革命に対していわゆる「反動的」な気分になっていったわけであるが、しかし、これより早く、イギリスにはイギリス流儀の民主的な基調は生長しつつあったのである。ゆっくり歩きながらも、考えることは決して休んではいなかったというわけである。そしてその後、半世紀も経つと、フランス革命が血をもって主張した「自由」と「平等」は、イギリスの中にイギリス風で根を据えてきた。ことに同じフランス革命が主張したもう一つの標語であった「友愛」といったものは、国民的な規模ではフランスにはなかなか成長せずに、かえってイギリスで完成されたといえる。えらい勢いで走ったフランスよりは、歩いていたイギリスの方が、ずっと早く目的地に近づいたといえるようである。

こういったイギリス人の調子というものは、一体どこから出てくるのであろうか。これはいうまでもなく簡単な問題ではあるまい。それは、イギリスの政治がよいからとか、伝統や国民性がそうさせるのだとか、国が豊かであるためだとか、いろいろの答は出ようが、そうした言葉だけではなかなか納得のゆくものではない。そこで、結論をあせらずに、少しばかり我々の見聞をひろめることからはじめてみよう。

高い判断と低い問題

戦争がすんで二年後の夏、私はイギリスを旅行して、北ウェールスのアイルランド海に臨むバンゴールという小さな町で、たまたま労働党の主催する夏季大学をのぞいて見た。私は興味をおぼえたので、心せわしい旅ではあったが、三日間ここに足をとどめて、この夏季大学の連中と起居を共にしてみた。ちょうど夏休みであいているバンゴール大学の校舎を借り受けて、約百名の学生がここに起居して、十日ばかりの夏季大学を催しているのであったが、学生といっても、大体は労働者で、なかには技師などもはいっている。若い娘さんから白髪まじりの男まで、老若男女、色とりどりである。一時の借家住いとはいっても、わずか百人ぐらいが、風光もよく設備も立派な校舎に寝泊りして、しかも簡単な食事ながら三度の食卓を共にしながら、なごやかにやっている光景だけでも、日本のいわゆる夏季大学のやり方とはひどい違いで、羨《うらや》ましいと思ったことであるが、違いはむろんそれだけではない。

日本では講師なるものがあらわれて、沢山集まってきた聴講者には分っても分らなくても、一、二時間の講義をしてさっさと引上げてゆく。聴講者は、せいぜいのところ、話の一部を紙切れに筆記してはいるけれども、それがどれだけ消化して頭に残るものか。「何でも白い紙に黒い字で書いたものは、安心して家に持って帰れます」というファウストのなかの学生よろしく、家に持って帰ってくれば、まずそのままで、あとは忘れてしまい、それでこの夏季大学は終るのである。このバンゴールの夏季大学は、それとは少し調子が違っていた。みっちり昼夜十日の日程のうちで、講師の講義というのはわずか四、五回ぐらい、あとはそれぞれが、自分たちで研究するのである。百名の学生をここでは四組に分けて、一組二十数名ずつ、経済問題、国際問題、地方政治、政党組織といった専門部類に分けて、それぞれの分野を研究する。研究といっても、別段大して厳かなものではない。何かテキストを持ち出して読んだり、毎時間講義を聞いたりするのでもない。いってみれば、すべてが討論である。その討論の題目はグループのなかから提出するので、指導者の手はほとんど借りない。約二十名がそれぞれの部屋で、まるく円を作って、誰れかが順番に座長となり、討論を進めてゆく。時には激しく論じ合うが、それは討論のための討論をやっているのではない。何かの結論を導きだすために、お互に話し合っているのである。座長の仕事は、話が結論を生むように導いてゆき、話をまとめてゆくことである。ところで、研究題目はというと、実にいろいろではあるが、あまりむつかしいものは持ち出さない。

私がのぞいた経済研究のグループでいうと、例えば「イギリスの基礎産業は何か」という問題などは、いくらか理窟っぽい方で、私が興味をもって聞いた題目の一つはこういうのであった。曰《いわ》く、「イギリスの労働者はいま働かないと非難されている。なるほどそれは事実である。ところで、なぜ働きがにぶっているのか、その原因は何であろうか」という問題である。一見、甚だつまらない問題のようである。が、彼等には最も身近かな問題である。身近か過ぎるがゆえに、どこの国の労働者も、労働者側からはなかなか取上げそうもない問題である。しかし、彼等労働者に最もよく分る問題であり、自ら判断のできる問題である。それは例えば革命の現段階がどうとか、弁証法《べんしょうほう》がどうとかいうような、実際のところ彼らの力を越えた問題ではない。しかし、実際にいまのイギリス人の生活をよくし、いま低く落ち込んでいるイギリス経済の床《ゆか》を引上げるためには、いうまでもなく重要な問題である。この問題は、いまの日本でも頗《すこぶ》る重要なものであるはずであるが、日本では恐らく労働者自身がその集まりでこういう問題を取上げようとはしないだろう。イギリス人はそれをやるのである。

そこで、問題の取上げ方そのものに、既にだいぶ違いがあることに気がつく。ところが、私がこの話をすると、多くの人はイギリス労働者の知識水準が我々の場合よりも高いということを嘆かれるに相違ない。それは実際そうであるかも知れない。しかし、それにしては、その取上げる問題が非常に卑近で、やさしいということを、注目しなければならぬのではあるまいか。日本の労働者の知識水準が低いというなら、その知識水準の低い彼らが唯物弁証法《ゆいぶつべんしょうほう》や国際独占資本などを論題とするのと、関係はちょうど逆である。イギリス人は比較的に高い判断力をもっているのに、その高い力で低い問題を取扱っているという点が、注目を要するのである。

さて座長をまんなかに据えて、討論ということになると、各人まず自由に自分の意見を吐くわけであるが、論題そのものがそもそもすこぶる現実的であって、自分自身の毎日の仕事につながりのあるようなことであるから、その意見も当然に卑近なことで、昨日までの自分の経験から語ることが主となり、高遠な理窟などは出てきようがない。それでもお互に相当激しく論じあう。やがて一応討議がつきたころ、座長はいままでの議論で問題になった論点を整理していって、まず「労働者の働きをにぶくしている原因」といったものを列挙してみる。例えば、「賃銀が低い」とか、「社会的なサーヴィスをやる公共精神が減退した」とか、「食料がよくない」とか、議論の中に出てきたそういった考えられる要因を挙げてゆくと、十二、三の項目が出てくる。そこで座長は、各人に対して、これらの項目のうちで、どれを最も重要な第一の原因と見るか、そしてその次は何か、というふうに問いただしていって、その総結果を統計的に出して見る。そういうふうにして出てきた結果は何であったかというと、今のイギリスの場合には「食料がよくない」という要因が断然重いということであった。

そこで座長は、こういう結論が出てきたが皆さんのこれに対する考えはどうだ、とたずねる。あれほどやかましく議論していた連中が、ほとんど異口同音に、「賛成！正直な答だ！」と答える。これで「研究」は一段落がついたわけである。なるほど簡単極まる研究であり、また簡単な結論であって、その方法も子供らしいと言いたいくらいだが、しかしこういうふうにして次第に積み重ねてゆかれる結論は、何人も賛成せざるを得ないようなもので、それだけにまた何人もこの結論に対しては安んじて責任をとることができるのである。またこの場合に、労働者が働かないのは「賃銀が安いから」という誰れでもすぐに考えてみる紋切型《もんきりがた》の意見などは、お互が議論をやっているうちには、今のイギリスの実際には合っていないということもハッキリと結論されたわけで、その結論もなるほど簡単で、考えてみれば判り切ったことのようではあるが、実はやはり相当に練られたものであって、一人で考えていたらそうはゆかないかも知れぬということが想像される。何といっても二十人の頭脳が寄り集って作ったものでで、それも自ら怪しまれるような借り物の知識で論じ合ったのではなく、毎日の経験の結果として自ら信じ切っているような知識で話し合ったのであるから、話に参加したものはこの結論を安心して取上げることができるし、明日それを実行に移しても十分責任がとれるというわけである。

こういった行き方から感ぜられることは、やはりイギリス人は、ちょっと足をとどめ、姿勢をかえて研究してみなければ判らぬようなやかましい理論はもち出さずに、昨日まで歩いてきた通りの調子で、その歩きながら考えられる程度のことで、考えを進めていると言えるだろうし、またそういうやり方で、ひと所に立ちとどまらないで、いつも考えつづけているとも言えるだろう。

知識の型

これは、見方をかえると、人間の「知識」というものが作り上げられてゆくやり方の一つの型であると見てもよかろう。

その型をやかましく追求してみるなら、それは一人の優秀といわれる頭脳が考えだした知識ではなく、二十人の平凡な頭脳が寄り合って考えたものである。二つの眼でものを見たものでなく、四十の眼で見た結果である。一人の頭がいくら優秀であっても、その優秀な頭が考え出したことが自分たちに素直に飲み込めないようなものでは、自分にもなることではない。またそれはえらい考えではあるかも知れないが、自第一どうによく呑《の》み込めないではすぐに信用してかかるわけにはゆかない。いわんや明日それを実行に移さねばならぬというような場合には、危くって責任がもてない。そこで、現在お互の頭の中にある疑いのない知識をもち寄って来て、そのなかから僅《わず》かに一歩だけ高い知識を作ってゆく。それなら安心してこの知識に寄りかかってゆける。こういったゆき方であろう。

皆が安心して寄りかかってゆけるこういった知識は、言葉をかえていうと、皆《み》んなに「共通」の知識であろう。それは皆んなが出し合って作り、そして皆んなが承知する知識である。共通の知識、すなわち、コモン・センスである。コモン・センスは我が国では「常識」と訳されているが、その訳語の当否は別として、それは日本で解されがちになっているように、あながち低い、平凡な知識ということではなさそうである。コモン・センスという言葉はイギリスでは古くからいろいろの意味に使われている。人間の五官のいずれでもなく、それらを総括する感覚という意味にも使われたし、国民ないし人類の知恵というふうに大きな意味も持たされている。さらにコモン・センスの哲学も書かれている。一般的にいえば、要するに一面に片寄らぬ、みなのものが承知する知識と解釈して差支えなさそうである。それを持つことは、しかしそうやさしいことではない。そしてそれにも、低いものから、だんだん高いものへ、のぼってゆくことが考えられるはずである。イギリスの労働者たちは、その夏季大学で、自分たちの常識を作ることに骨折っているわけである。

知識の細胞

ここには私が偶然に印象にとどめた労働者の集まりがやっている方法をとりあげたわけであるが、これはいろいろに形を変えてはいるが、イギリス人には極めて普通なやり方と言ってよかろう。

四、五人の学生が集まって、来週の土曜日にテニスをやろうと相談する場合にも、やはり一人の議長格のものができて、簡単なことながら、一人一人の希望を聞いて催しの段取りを決定する。その行き方は、一つの考えをまとめ、一つの知識を作るのと同じである。私立中学《パブリック・スクール》の時間割には「討議」の時間が多く取ってある。講義のしっ放し、聴きっ放しのやりかたからみれば、これは、時間は食うけれども、たしかに入念な、一人一人を重くみた修学方法である。イギリスに多いクラブは、市民たちの共通の知識の生れる一つの場所であろう。そういうクラブやパーティが、イギリスの知識を作る一つのプロセスであり、またイギリスの知識の細胞であると見てもよかろう。

「イギリス人が三人集まると、そこに政治がある」というのも、そこでの話し合いの性質が実際的なことを意味していると同時に、その三人の集まりから生れたものが、ここにいう知識の小さい細胞であるともいえる。そういう細胞がたくさん集まり、だんだん積り重なってゆく。集まる人々の知識と経験が高いものになるにつれて、この集まりがお互に話し合って作り出す「結論」も、高いものになってくる。

イギリスの議会も、言ってみれば結局こういった個人の集まりから出来た話し合いの会を、いくつも積み重ねていった、そのピラミッドの絶頂にある話し合いの会だともいえるだろう。したがってそれは、大部分の国民がそれを支持し、かつそれをイギリス国民が実行に移しても差支えのない、高い「常識」を作るところだといってよかろう。それがイギリスの知恵であり、イギリスの意見である。

「話し合い」の場所

実際にイギリスの議会は、議場そのものがこういった「話し合い」をするのにあつらえ向きに作られている。同じ議会でも、議事のやり方は、どの国でも同じではない。イギリスの議会は、日本やフランスのそれのように、野党も与党も引くるめた大向うにむかって大演説をぶつようには出来ていない。長方形の議場を横割りにして、野党と与党とは互に向き合いになっている。その間に、二間ぐらいの幅のある大机があって、質疑をやる弁士はこの机の一端に立ち、机をさし挟んでかけている大臣達を目の前に据えて話しかける。その有様は、この本の別のところ（附録二二七頁）にも書いている通りで、要するにそれは野党と与党とを代表するものの「話し合い」であり、日本でいわゆる大演説という言葉で想像するような恰好《かっこう》をとってはいない。

その起源はともかく、今のイギリスの議会は「話し合い」のための場所であり、みんなの知恵を集めてみる場所となっている。それはフランスとも日本ともちがう。知識階級的な分子がその政治の「原則」について雄弁を振うのがフランスの議会で、それはともすれば国民から足を浮かしている。ナチ時代のドイツの議会は、サーカスのような賑《にぎ》やかな旗と色彩に取りまかれて、代議員は「指導者」の演説のサワリごとに一斉拍手を送るだけの仕事をしていた。イギリスの議会では、国民の生きた利害をそのまま持ち込んで来るので、これを料理するだけの生きた知恵が要求されるのである。

多数の眼

こういった素性をもつイギリス人の「知識」を、もう少し違った方面から見てみよう。

さっき私は、イギリス人の知識が二つの眼で見た観察でできたものではなく、二十の眼、四十の眼で見た観察の結果であるというようなことを言った。出来るだけ沢山の人間の観察を集めたようなものをイギリス人は求めているのだ、と言ってもよいわけである。こういった態度は、一人の人間がものを観察する場合にも、その癖《くせ》として、何らかの形で当然に出て来なければならぬはずである。多数の人間の観察を持ち寄るということは、要するに、いろいろと違った視点に立ってものを見るということにほかなるまい。

それは、言い古されたイギリスの経験主義に過ぎないのであるが、それを砕いて言えば、一つのもの、一つの事象を、或《あ》る固定した一定の視点からだけ見て説明しようとはしない、ということであろう。視点を一定のところに固定させて見るということになると、その一つの視点を出発点として理論的に矛盾のない説明をしなければならぬが、一つの事象をぐるぐるめぐって視点を変えてゆくと、それぞれ違ったたくさんの映像が網膜にうつるわけであるが、そもそも見る視点が違い、視角が変るのであるから、幾つかの違った映像と映像との間を論理的につないで説明することは、なかなかむつかしいことになる。

そこで、一人の人間が、富士《ふじ》という一つの山を観察する場合にたとえてみよう。彼としてはこの富士山をいろいろな方角から眺めてみるということになろう。まず乙女《おとめ》峠《とうげ》に立って眺める。次いで山中《やまなか》湖畔から仰いでみる。さらに裾野《すその》をめぐり、古人にあやかって田子《たご》の浦《うら》から打仰ぐ。それぞれちがった富士の姿が目に映る。遠州《えんしゅう》から見ると、宝永山《ほうえいざん》がくっきりと浮き出るが、乙女峠からはそれは一つの窪《くぼ》みのような形に見える。いろいろ違った富士の姿を脳裏に印象して家に帰った後で、幾つもの富士の姿を目をつぶって自分の頭の中で合せてみる。大体ながら富士の姿が立体的に目の前に髣髴《ほうふつ》する。こうして目の前にあらわれる富士の姿は、一枚の写真のように、くっきりとした形はとらないが、ほんものの富士を見たことのない人が一枚の写真で見るのとはおのずから違って、生々とした富士が、彼の眼底に残ることは確かであろう。この場合には、一人の人間、したがって二つの眼が、ものを観察するのではあるが、その二つの眼が、一つのものをぐるぐる廻っていろいろの方角から見る。それは、六つの眼、八つの眼がものを観察しているのと、あまり変りはない。見る時の足場や角度は、その都度に違う。しかし、見る人は変らないのである。

人間の方は「共通」であって、この人間が、そのいろいろ違った足場から見た観察を自分の中で統一しているのである。その行き方は、ちょうど多数の人間の考えを織り込んで知識を作る行き方と変るところはない。それを一人の人間の研究態度に翻訳してみると、その人が、ある一つの固定した立場からものを見たり考えたりしないで、いろいろと立場をかえ、対象のまわりをぐるぐるめぐって、観察し、研究するということになるのである。

トレランスの根柢

例えば、「日本人の性格」といったものを、イギリス人が問題にしようという場合には、おそらくまず日本人のいろいろの性格を列挙することから始めるだろう。第一に、日本人が「親切である」ということを認めてやってよい。次には、こんどの戦争でよく証明されたように、日本人は「相当に残忍である」と見る。それから西洋人同様、あるいはもっと「嘘をつく」癖がある。「自分というものが弱くて、いつでも他人の振りみて行動する」。しかし「かなり敏捷《びんしょう》で、利口でもある」等、等。そのほか、いくつもの特徴があげられるだろう。そのなかには、例えば「親切」で「残忍」というように、互に矛盾し合うような性質もあげられる。この矛盾を理論的にほぐしていって、これを一本の筋で説明するというようなことは、イギリス人にはさして必要ではない。ただ彼としては、できるだけいろいろの角度から、できるだけ細かく多面的に観察してみることが必要で、その上で相矛盾するものを矛盾したまま、割り切れないものを割り切らないまま、大体の日本人というものを想定しておく。したがって、日本人の一面がこんどのような戦争で「残忍」と出てきても、日本人をただ残忍な人間だとばかりきめてはかからない。同時に、日本人が親切な優しい気持の持主であるというもう一つの側面も記憶から呼び起して、その点も認めてやり、そしてそういう態度で、日本人というものに臨んでゆく。

このためには、平生の観察はやはりできるだけ多面的で、できるだけ細かいのでなければ、役に立たないことになる。

実際に、こんどの戦争の後で、イギリスの新聞や雑誌などにはたくさんの日本人批評があらわれたが、その見方には概《おおむ》ね右にいったような調子があった。日本人の悪い面を指摘しながら、同時にその良い面を見てやるゆとりが出てくるわけであって、いわゆる「寛容《トレランス》」の精神がそこから出てくる可能性がある。もっとも今度の戦争直後の、捕虜や戦犯に対するイギリスのやり方には、相当ひどい仕打ちがあったことが訴えられているが、それは時が時で、彼等もまた戦争のなかの人間の例外たり得なかったろう。しかし、例えばシンガポールで開かれた日本軍人に対するイギリスの戦犯裁判で、抑留外人虐待の責任を負った日本の某陸軍少将に対する判決文中、裁判長は、「被告の法廷における天晴《アドマイヤブル》れな態度」に打たれて本官は被告の罪一等を減ずる、と判決文に宣していたのを私は読んだ。こんどの戦争における日本の責任についても、イギリスには幾分違った見解がある。日本が独伊枢軸と結んでこんどの戦争をやったことは明かに日本の責任であるが、その責任の一端がイギリスにもあると見ているのはイギリス人自身で、それはイギリスがかつて外国の政策に引摺《ひきず》られて日英同盟を破棄したことに日本のその後の方向の端緒《たんしょ》があると見るのであって、歴史家グーチ氏がその見解であり、同じ系統に属するヘルツ氏の新著にもそう書かれている。支配的な流行の解釈に流されないで、違った見地からそれに関連する違った根拠をもち出すには、こういう見方が根柢《こんてい》になければできないことであろう。

支配的な流行の解釈に流されないという点で注目されるのは、やはり、その自由主義的な主張で、今度の戦争の後始末の方法として世界に認められている思想に抗している。それは、無条件降服の要請や戦犯裁判の権利に対して、根本的な疑問を投げかけている。戦後、マンチェスター・ガージアンなどがニュールンベルグ裁判に投げつけた批判がそうであり、最近では戦時中の国務大臣ロード・ハンキーが、その近著『政治と戦犯と誤謬《ごびゅう》』（一九五〇年）のなかで、世界の権威に抗議している。その議論がすべて正しいかどうかは別として、少くとも当面の世界を流れる政治的な勢いに押し流されているようなものを救い上げ、そして一面に片寄った世界のバランスを回復するために、それを正面から主張しようとする裕《ゆと》りと強さは、イギリス的な考え方の特徴から来るとしか見られない。

見落しのない観察

そこでいままでの話を繰り返していうと、イギリス風の行き方では、一人の人間の秀《すぐ》れた頭脳による考え方を尊重するよりは、多数の人間の考えを織り込んだ知識を尊重する。それを、より確実な知識として認めるという傾向がある。これを、知識の側からいうと、いろいろの人の考え、いろいろの見方を取り入れた知識であって、それだけに知識は多角的になり、多元的になる。こういった行き方をとった場合に、一人の人間のもつ思想といったものは、一体どういう形をとることになるであろうか。

さっきは、イギリス人としては富士の山をぐるぐる廻って観察しなければならぬといったが、そういうふうに人間が動き廻るのではなく、この人間を真中に据え置いて、人間の方は動かない場合、即ち人間と対象との位置をかえた場合を考えてみると、この人はしょっちゅう自分の周囲に満遍なく眼を配り、一つの方向ばかりを見詰めないで、自分の周囲に起るいろいろの出来事に対して、気を配っていなければならぬということになろう。言いかえると、社会の出来事に対して、見落しのないようにいつも気をつけておくということになろう。何か新しい思想がこの国にはいって来たとする。彼は当然にこの思想を研究してみなければならぬ。それを見落してはいけないわけである。

フランス大革命が起り、その思想がヨーロッパ中に拡がったとき、イギリス人はやはりこれに大きな関心を寄せた。エドマンド・バークが真先にこれを研究し、著名なフランス革命の書物を書いた。十九世紀の末に、唯物史観《ゆいぶっしかん》が欧州に拡がってきた。イギリスのフェビアン協会の連中は熱心にこれを研究した。ただ結果は、それをそのままには採用しなかった。第一次大戦の直後にロシア革命が起り、新しい共産主義の国家が生れた。同じイギリス人はこれに大きな関心をもった。これもフェビアン協会のウエッブ夫妻が、わざわざロシアに出かけて共産主義ロシアの実際について、極めて克明精緻《こくめいせいち》な研究を発表した。当時、新しいロシアに共鳴した国民はほかに沢山あったが、これほど現実の「ソヴィエット共産主義」に関する本格の研究はほかにはあまりなかった。そんなことを考えてみても、伝統を重んずるといわれるイギリス人は、世界に起った新しい重大事件を決して見落したりはしていない。むしろ他の国民より注意深く見てきているといえるだろう。しかし、例えばそのロシアに起った新しいシステムを、そのままイギリスが追おうというのではなかった。それを、それ相当に評価して、自分の頭の中でそれに適当な地位を与えるだけである。フランス革命をはじめ、以上のような新しい思想や出来事に対して、イギリス人はこういう態度で臨んできたように見える。

経験積んだ商人

こういった立場を通そうとすると、今まで自分の生きて来た周囲に起った事実や思想も忘れられるわけがなく、また新しく起って来た思想や事実にも注意を向けながら、結局、それぞれの思想や事実の重さをよく秤量《しょうりょう》して、自分の頭の中に適当に配列しておくことが必要になる。一つの問題についても、出来るだけ多くの視点から見ておき、その多くの視点から見た材料を手中に握っていて、実際のことにぶち当ってみるということになる。これでは結局、一つの体系をもった動かぬイデオロギーといったものは出来ない相談となるわけで、同時にまた、何か新しい体系に飛びついて、その代りに今までもっていた一切のものを投げ捨ててしまうというようなことも起らないし、またそれは、ドイツ人がやるように、一つの固定した視点に立って、あくまで論理的に筋を通して一つの構想を作りあげ、筋が通っているだけにその構想がどうにも動きの取れないような型に陥込《おちこ》むというようなこともないはずである。

普通のイギリス人の話を聞いていても、前に話したような労働者たちの議論などを聞いていても、こういった感じを深く受けるのであるが、それはちょうど、経験を積んだ商人が、いろいろと政治経済の動く情勢を算盤《そろばん》にのせながら、端的に為替《かわせ》相場の先行をはじき出すのと同じようなところがある。それが学者とか評論家とかいう連中になると、その考え方の根本の型は同じであっても、その多面的な見方に流石《さすが》に説明はつけるし、一応矛盾のないように話を進めはするものの、しかしその場合にイギリス人が使う「論理」は、ドイツの学者が物の「本質」から説き出すような体系的な行き方のなかで「論理」というものに与えている重みとは、おのずから重みが違うわけである。

一つの典型

もう少し具体的な例をとって話を進めてみよう。

いまのイギリス人の一つの典型として、労働党の大蔵大臣クリップス卿《きょう》の思想をここに取上げてみる。クリップス卿は、周知の通り、労働党きっての理論家であり、学者肌の人であって、党内ではずっと左側を歩いてきた人である。その思想をみるのに恰好なものは、その近著『基督教《キリスト》デモクラシーへの道』であるが、これを上にのべたような気持で読んでみると、甚だ興味深いものがある。

率直に書かれたこの書物によると、彼の考えは、第一にはキリスト教、第二にはデモクラシー、第三には社会主義、という三つの思想を調和した形でできていると見てよい。調和しているとはいっても、それをドイツ流儀の言葉で、一つの思想の「体系」というのは、いささか無理である。それは、一本の筋をあくまで論理的に矛盾なく通した思想というようなものとは、だいぶ調子が違う。というのは、いま私はこの人の考えが、三つの主な思想から出来ているといったが、その三つのものは、論理的にはたやすく結びつくようなものではない。キリスト教の考えに如何《いか》に徹底して行っても、それから近世社会主義の考えを全面的に導き出してくるのはどうしても無理であり、また、デモクラシーと社会主義という二つの考えにしても、その歴史的発展においては相互に全く交渉がないとはいえないが、社会主義の考え方が必然的にデモクラシーに結びつくとはいえない。

　クリップス卿の「キリスト教」とは、貧者のための闘いを強調する古代キリスト教の精神であり、その「デモクラシー」とは父祖代々築きあげてきたイギリスの国民生活がもった歴史的事実であり、いわば制度的なものに結晶しているデモクラシーである。そしてその「社会主義」というのは、何といっても十九世紀ヨーロッパにおける社会思想の一成果である。極端にいうなら、これは三つのバラバラの事象であり、思想である。その間には、いろいろ矛盾することもたくさんあるはずである。それはキリスト者と社会主義者とがなかなか一つになれないということからも、想像されることである。「カイザーのものはカイザーに返せ」というキリストの言葉からすると、キリスト者は現存の社会的政治的な機構をそのままの形で容認せねばならぬということにもなる。キリスト教と社会主義とは、やかましく言えばやはりなかなか直結しないのである。しかし、クリップス卿は、この間の関係を説明して「教会は人々にヨリ良き社会経済の道を指示することをさまたげるものではない」というふうに解釈してゆく。またキリスト教とデモクラシーとの関係についても、彼の説明ぶりを聞くと、相当に主観的であって、多分に自分の気持がそこに出ている。いわく、「キリスト教は人生と人間に対する態度に関するもので、その真髄は他の人間の個性の十分にして平等なる評価の上に立つ同胞愛である。これに対して、デモクラシーの態度というのは、社会の各々の個人に十分の価値と機会を与えることで、それは人間個性の価値と意義の尊重である。……デモクラシーとは、キリスト教の教理を社会と政治に実際的に適用したものである」と。こういうふうに彼は三つのものを結び合せてゆく。

こうした物の掴み方、あるいは説明の態度は、なるほど一通り筋は通っているけれども、それはただ一通り三つの別々の事象の間に関係をつけてみただけであって、事象そのものの内部的な論理の発展というようなものでもなければ、また歴史的な事象の発展を客観的に捉《とら》えたというようなものでもない。それは、一つの主観が、三つのバラバラの事象の上に立ち、そして、この主観のなかで主体的に統一しようとする態度である。こういった態度からするのでないかぎり、この三つのバラバラの事象を同

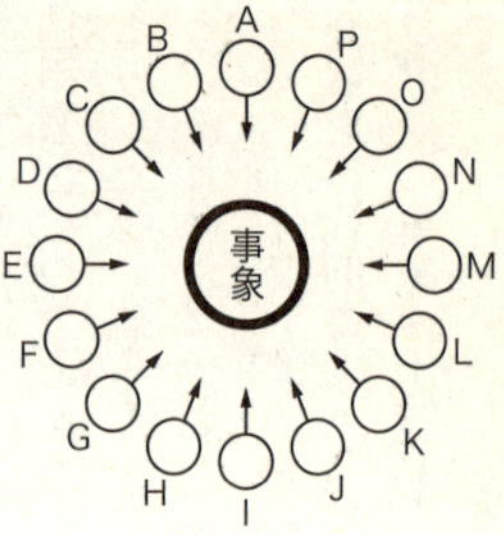

第一図

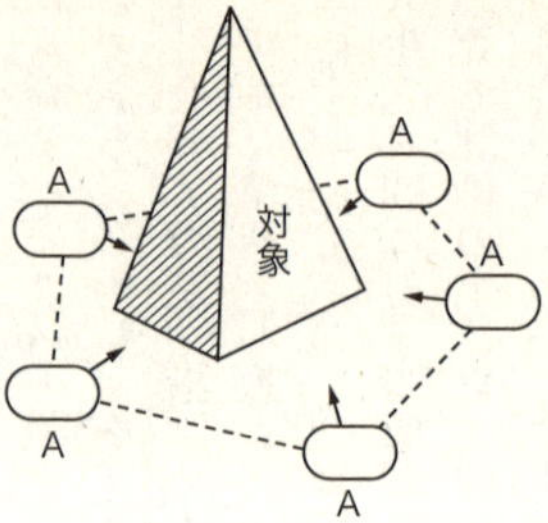

第二図

時につかんで矛盾を感じないというわけにはゆくまい。それは、人間たる自分はあくまで事象の外にあって、自分の周囲にある個々バラバラの事象を、いろいろ塩梅《あんばい》し配置しようとする態度でもある。少くとも、自分自身をも包含する一つの大きな体系的な世界観のもとに、あるいはその中に、自分を据えようとするドイツ人風の態度ではない。そうではなく、やかましくいうと自分という人格は三つの思想の外に、またその上に立っていて、これらの思想とか事象の認識とかは、この人格が思索し行動する場合にそれを助ける道具という地位に立つ。あくまで人間が中心という形がでてくるのである。

網膜の上の統一

さて、いままで話して来たことを簡単に画にかいてみよう。

第一図は、たくさんの頭が寄り合って一つの問題を討議する形であるが、それはたくさんの眼が一つの物を見落しのないように観察している形でもある。

第二図は、一人の人間が、一つの事象をめぐって観察する場合で、一つの視点に足をとどめないで、いろいろの視点からこれを眺める。それは人間は一人であるが、やはり沢山の眼が一つの事象を観察する第一図の行き方とかわらない。ただたくさんの違った人間がいろいろの方向から見る場合と同様に、見る立場がその都度違っているから、この立場の相違は何とか整理されねばならぬ。多数の人の場合にはお互が議論し合うことによって何らかの一致点が求められる。一人の人間が動き廻って視点をかえて見る場合には、いろいろ違った映像がこの一人の人間の同一の網膜の上で統一されるほかはない。

第三図は、この一人の人間を一つ処に固定させて考える場合で、クリップス卿の思想を思い出してもらいたい。その場合には、その人間が自分の周囲を満遍なく見廻して、見落しをしないという行き方になるが、その物の見方にある根本的な形式は、第一図、第二図の場合と違うところはない。人間と対象との位置が代っているだけである。

第四図は、これとは反対に、人間が思想に支配されるドイツ風の行き方を示したも

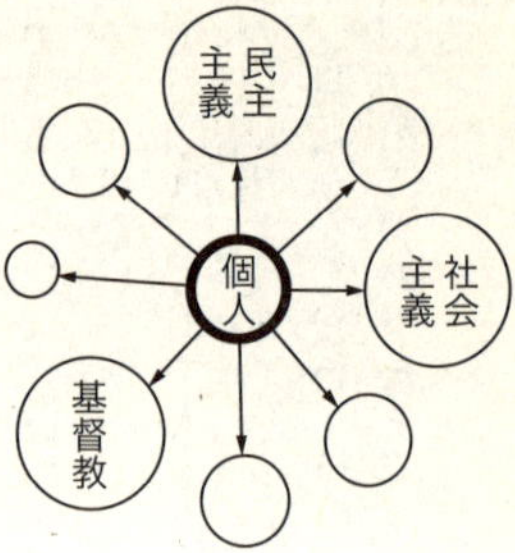

第三図

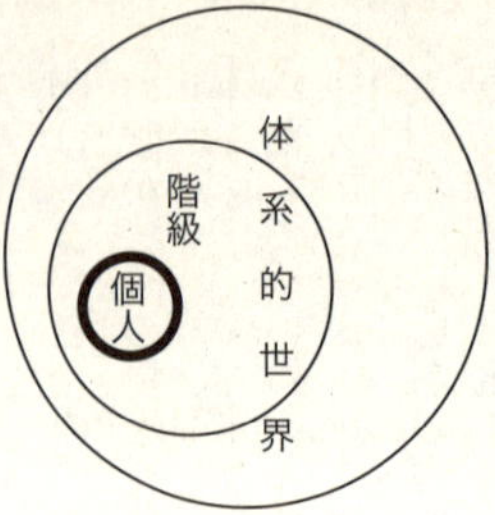

第四図

のであるが、これについては後で説明する。

以上は、これまでの話を比喩《ひゆ》的に画にまとめてみたに過ぎないが、こういうイギリス人の行き方から、さらに二、三の特徴を引出してみることができよう。

思想の支柱

その第一は、考え方あるいは知識が多角的だということ、言いかえると、いろいろの考えやいろいろの面を取入れた知識ということは、そのいろいろの面が「論理の糸」によって一筋には統一されていないということである。というよりは、イギリス人の場合は、論理さえ一貫しておればそれを直ちに客観的な知識であると見ようとする立場ではないということである。むしろ、「論理」というものをもって思想を支えようとする立場とはちょうど反対に、どこまでも人間が中心で、その人間が自分自身の責任において思想を支えることになる。クリップス卿にその典型をみるような行き方は、ちょうど一つの事象を見るのに、それをぐるぐる廻って八方から観察し、それによって大体の見当をつける仕方と同じで、自分を中心にして自分の周囲をくまなく見て、大きな見落しのないように努力しながら、その周囲の事象や思想にそれぞれ適当な評価と地位を与えてバランスをとり、それが大体に客観的な序列であるという確信をもつことが大事な要件になってくる。これらの要件を満すことによって、自分の支えている思想に間違いがないことを期待しようという立場である。論理が思想の客観性を支える支柱となるのではなく、経験的に存在するものをできるだけ逃がさぬように捕え、かつこれを公平に秤量してみる努力と、その努力をする自分とが、思想の妥当性を支える支柱となるのである。そこで支柱は結局において自分自身だということになる。

支えきれる程度

尤《もっと》もここに思想といっているのは、主として社会観とか世界観とかいわれる我々の生活態度を決定する総括的な思想のことであって、厳密な科学を指しているわけではない。物理学とか医学とか、その他自然科学に近い学問の場合には、一定の前提と約束のもとに、それを論理的に客観的に支えることが出来るわけであるが、歴史の解釈とか、世界観というような綜合《そうごう》的な人間の「思想」ということになると、話は非常に違ってくる。いま問題としている知識とか考え方とかいっているのは、こういった思想のことであるが、それは一本の論理で、一元的な形ではなかなか説明できないという見方が成立する。イギリス人の考え方がそれだというのであって、そういう場合には、個人個人が自分の考えに対して責任をもっていることになるし、その限りにおいて、知識というものは結局自分で支え切れる程度のものでなくてはならぬということにもなる。

この立場からすると、例えば、唯物史観という一応の体系をもった思想があるとしても、それを自分の責任で自分の考えとするには、唯物史観の奥の奥まで究めて不審のないものにしておかねばならぬわけであるが、それがなかなか出来ないということになれば、この唯物史観を自分の責任で主張するわけにはゆかないということになろう。そこでまた普通のイギリス人は、そういう自分の手のとどきそうもない思想を、丸呑みにして、わかったような顔をしているわけにはゆかないのである。

「わたし」と「あなた」

このことは、イギリス人にとっては、知識に対する実際的な要求からも来ているに相違ない。知識がただ知識にとどまっていてよい場合は何も問題はないが、知識がただの知識にとどまらないで、社会における我々の実際の仕事や行動と関係してくるという建前に立つと、問題は簡単なことではなくなってくる。即ち世界観とまではゆかなくとも、社会や政治に関する思想になると、頭の中だけでの問題ではなくなってくる。前に言ったように、考えをきめるのに話し合いを必要とするということは、とりも直さず社会というものが自分と自分以外の人とから出来ているということであって、それを最も簡単な形につづめていうと、社会は「わたし」と「あなた」とを両極として出来ているということを認めるからに外ならない。なるほど客観的な知識というものがあるにしても、実践的な立場を含めてこれを考えると、その客観的な知識というものは、「わたし」の立場と「あなた」の立場とを包含しているものでなければ意味がない。その双方の立場や要求を何かと包含しきることのできる考えでなかったら、いま我々はお互に「歩きながら」――言いかえるとお互に事を実行するという立場から――考えるというわけにはゆかないではないか。そうなると、わたしの考えも、あなたの考えも、同時に包含した考え、言いかえると一面的ではない多角的な、割り切ることのむつかしい考え方を、各人が自分の責任においてもつ以外に方法はないではないか、ということになろう。

均衡の世界

第二に、こういった行き方は、勢い、考え方がつねにバランスをもち、プロポーション(均衡)をもっていなければならぬということにもなる。

自分の周りを囲んでいるいろいろの現象を見落しなく取入れるということは、何もかも無暗《むやみ》に、あるいは均等に取入れるということではなく、それぞれの現象の重みを秤《はか》って、その大小軽重をよく見定め、それが大体に客観的な序列を反映しているという自信を伴ったものでなければなるまい。プロポーションを得ているというのはそういう意味である。具体的に例をとっていうと、例えば現代における政治的な見解として、民主主義的な考え方、自由主義的な考え方、キリスト教的人道的な考え方、社会主義的な考え方、といった幾つかの主流があるとすれば、イギリス人としては、これら各要素を多かれ少かれ持たざるを得ないことになるが、ただどの要素を多くもち、どれを小さく評価するかということは、むろん人によって違うことであろう。

さっき我々が例にとったクリップス卿のような場合には、民主主義、キリスト教、社会主義といった三つの要素を可なり均等な形でもっているといえるし、そして彼も自由主義を全く無視するわけではあるまいが、その自由主義が経済的自由という意味に解される限りでは、それを社会主義に肩代りさせているといってよかろう。その点が、自由党や保守党の人達と較べて、少しずつ、ずれている。いずれにしても、これらの要素のうちで、現代のイギリス人としてその軽重の秤量が最も問題となるのは、社会主義と経済的な自由主義との何《いず》れにヨリ大きな重みを置くかという点であって、それ以外の要素は、ほとんどすべてのイギリス人があまり大差なく持っているか、または他人がそれを持つことを全く妨げないわけで、その意味でそれらは特に取立てるほどの問題とはなるまい。

ところで、その社会主義という要素は、労働党的な考え方をとっている者には一様に抱懐されているとして、保守党や自由党の人々の場合はどうであろうか。なるほど、いまから四、五十年も前には、保守党員は社会主義という思想には殆《ほと》んど無縁であったかも知れない。当時は、実際にこの社会主義的な要求が、目を見張るような大きさでイギリスの社会に出現してはいなかったろう。そうすると、自由党から分離してきた一部の連中だけが、この要求を取上げてくる程度で、保守党の人々が社会主義的な要求に無関心だったということも、周囲の現実の要求から自分の思想をつくるイギリス人としては、別段不思議ではない。ところが、現代となっては、保守党の人達も労働党の考えや政策に対抗しなければならぬという関係だけからでも、多少は社会主義的な考え方を取入れないわけにはゆくまい。それは、各人の身辺をめぐる事実として、ただにイギリスばかりでなく世界の現実がそこまで進んで来ているということを意味するものでもあるから、その取上げ方の軽重厚薄には大いに差はあっても、どことなく勤労階級の利益を考慮せざるを得ないという意味で、或る程度はどうしても社会主義的な考えや政策を取入れるということになろう。少くとも、社会主義的な要求には一寸も譲らないというような、非妥協的な態度は、出てこないわけである。

実際に、いまの労働党の社会主義政策の一つの柱となっている社会保障制度などは、最初にはこの世紀の初めに自由党が創始した案であって、その後は保守党もこの案を育ててきた。それを実現するところまでもって来たのが、労働党であった。昨年（一九二四年）であったか、アメリカがこの制度を非難したことがあった。それはイギリスがドル不足に悩んでアメリカの援助を受けていながら、一方にこの高価な社会保障制度を維持しているのはおかしいというのである。ところがこの非難を浴びると、労働党ばかりでなく、保守党系の新聞も、同時に立上ってこれを弁護した。なるほどこの制度の実施の方法についてはいろいろ問題はあるが、社会保障制度そのものは、たとえアメリカの援助を受けなくてもやってゆかねばならぬ、というのが保守党の立場であった。

そういうわけで、現代のイギリスの政治的思想には、以上のすべての要素が、政党の如何《いかん》にかかわらず、はいっているということになるし、ただ、労働党では社会主義の要素が全体のプロポーションの上で大きく、保守党ではそれが小さい、という差異が出てくるに過ぎまい。

同じ基底の上の対立

尤もこの場合に、労働党も保守党も、「社会主義」という一定の思想体系を云々《うんぬん》するわけではない。クリップス卿の社会主義も、党左翼のそれも、マルクスでもなければ、プルードンでもない。それはおよそ分割を許さぬような理論的「体系」ではなく、自分の思想のほかの部分と継ぎ合せても一向に支障のないような、無体系のなかの「部分」にすぎない。というよりは、むしろ労働階級の実際の利害という観点から、その利害をどの程度代表するか、ということが主要な問題である。その点では労働党も保守党も、双方が現実の利害の上で違った立場を代表しているのであるから、その立場の相違がここで表明されるだけである。民主主義の考え方とかキリスト教の考え方とかいうほかの要素は、この利害の立場とはほとんど関係なしに考えられるから、それらの要素は、保守党にも労働党にも共通であり得るわけであるが、経済的な利害という問題に到ってはじめて労働階級を代表する労働党と、中産階級以上の層を代表する保守党との対立が出てくるのである。イギリスの政治が、インテレスト（利害）

によって動いているといわれるのは、この意味である。

が、こうした対立はあっても、労働党は社会主義一本で進み、保守党もまたこれを否定すること一本でゆくというように、それぞれがバランスを完全に欠いた政治思想をもって進むのではない。なるほど政党の見解としては、互に反対の立場をとっているのであるが、しかも多分に共通の要素をもっているばかりでなく、いろいろの思想を自分の立場からプロポーションをとりながら支えてゆくというその行き方そのものは、双方とも同じであり、その意味で考え方そのものは少しも別なものではない。双方が同じ基底の上に立っていることになる。逆にいうと、イギリス人のものの見方や考え方が、多面的な現実の要求に従って大体にプロポーションが取れているということが、お互が対立しながらも、その対立が退引《のっぴき》ならぬ敵対関係とはならないで、どこかで妥協のできる根拠になっているとも言えるのである。

鳥瞰の世界

考えにプロポーションがとれているということは、前からいっているように、要するに多面性を見せている社会の現実を、あまり理窟でひねくらず、経験的に、素直に見てゆく、従っていろいろの現象をその重みに従って秤量しているということであろう。

そのよい例は、イギリスのクォーリティ・ペーパーといわれる高級新聞であろう。殊に、タイムズを手にして、まず「帝国領と外国」《エンパイヤ・アンド・フォーレン》の頁を見る場合に感ずることで、そこには、世界各国からのニュースが、大体にその重みに従って、記事の分量の大小となって表われ、一面を埋めているのである。いわば、その日の世界中の出来事が、高いところから鳥瞰《ちょうかん》するように見られる。これを見る読者の眼には、世界の出来事が大体にプロポーションをとって映ずる。そして次の頁には国内の政治問題がその重要性に従って、さすがにかなり大きく取扱ってあって、前頁の記事との間に適当な均衡をとっている。タイムズやマンチェスター・ガージアンなどは、その紙面全体によくプロポーションがとれている。実際、日々の出来事は新らしいことにはちがいないが、世の中の調子や均衡が全く変ってしまうほど大きな出来事は、そうざらにあるものではない。我々を取巻いている世界の調子は、むろん不変なものではないが、その変化は何といっても徐々としてしか起らない。それが毎日毎日の動きとしては実際である。ところが、日本の新聞の紙面を見ていると、まるで世界のプロポーションが、毎日ひっくり返らんばかりの印象を与えられる。大局から見ては殆んど意味のない事件が、紙面の上で突如大幅をとっていて、新聞を手にするものの頭の中のプロポーションは、毎日ひっくり返されるような思いがする。これは、今日までの日本の新聞の責任でもあるが、同時にそれは、はじめからプロポーションということを重く見ていない日本人の頭を反映していると、言えないこともないのである。むろん、イギリスの新聞がすべてこのタイムズやマンチェスター・ガージアンのように均衡がとれているとは言えない。いわゆる夕刊新聞は、センセーショナルな記事をもって売っている。そこで、こういった一ばん大衆の目にふれる新聞の在り方が、いまイギリスでも大いに問題にされているのである。それにしても、イギリスの知識層がタイムズのような立派な新聞をもっているということは、イギリス人の性格とその水準を示していると言えるのである。日本にはまだそれだけのものがない。そのことは、プロポーションの取れた頭と取れない頭との、よい対照を示しているといってよかろう。

人間中心

しかし、バランスのとれた考えをもつということは、それがいかに偉い人間の頭脳の産物であっても、他人の手で出来上った考えや学説を、そのまま鵜呑《うの》みにし、それに帰依《きえ》してしまったのでは、できにくいのであって、あくまで自分が自分の考えの主人であり、考えの支え主でなければ出来ないことである。またその考えは、釘《くぎ》止めされて固定したものではなく、現実の発展にともなって、自分と一緒にいつも「歩いて」いなければならぬ。足が一つ処にとどまっていては、現実の方は発展するから、その現実の動きを取入れることができない。それでは現代の思想としてはプロポーションを欠いたものになる。一九〇〇年ごろの自由主義の思想が、そこにとどまって、今日まで「歩いて」きていなかったら、今日の大きな現実である社会主義的な事実は考えのなかからスッポリ抜けてしまっていたであろう。それではイギリス人の考えとしては、均衡の欠けたものとなる。そこで、昔の王党トーリィが、現代イギリスでは二世紀を越えて今日まで「歩き」つづけてきて、今日の保守党となっているわけで、途中で参らずに、その立場なりに今日生きてゆける所以《ゆえん》である。それは思想の保持者が一つ処にとどまらずに「歩いて」きたからであり、歩きながら周囲を見廻し見廻しして、「考えて」きたからである。

そこに、思想が直接にその人のものであるという意味で、人間中心という関係が出てくる。ある一定の固定した「思想」が中心でなく、動いている「人間」が中心で、人間が思想を支えているのであって、反対にある一定の思想が人間を支えているのではないという関係が出てくる。ある一定の思想で人間が支えられている場合には、その人間に思想の自由はないが、人間がいろいろ変化し発展する現実やいろいろの学説の中から、それぞれの重みを見分けて自分の思想を作ってゆく場合に、はじめて人間の自由があり、ほんとうの意味で思想の自由があるということになろう。

ことになる。

妥協ということ

この思想の自由があって、はじめてイギリス人のいわゆる「妥協」ができるということは、我々日本人の慣習では、何やら節操のない態度や、自己を裏切るようなことを連想させるし、ドイツやフランスなどでも、やはり自己の敗北を意味するようなふしがあるが、イギリスではそうではなく、すこぶる積極的な意味がもたされている。「わたし」と「あなた」とが妥協できるということは、それによって自分が敗れるのではなく、相手を満足させ、相手との調和をとり、自分も相手も一歩前進することができるのである。これができるのは、自分という人間が思想の主人公であるからであり、またその思想はたくさんの側面をもち多角的であるからである。自分の考え方や自分の思想が、多角的であるから、その一角を切り捨てることによって相手方と妥協しても、それによって自分の思想が破綻《はたん》を来たすということにはなかなかならない。もともと個別的に存立するバラバラの思想を自分が中心になって繋《つな》ぎとめているのであるから、それらの思想のなかの一部分を切り捨てることは、必ずしもむつかしいことではない。その思想を繋ぎとめているものが、何か自分から離れた客観的な「論理」の糸というようなものではなく、実は自分自身であるから、自分が承知なら、その思想を或る程度まで修正することはできるはずである。

これは勢い、同じ生活圏にあるものの間には、大体に共通の考えが成立する所以でもあろう。それとは違って、論理の網の目を張り廻らされて身動きならぬように固定した思想が、逆に私を捕えているのであったなら、相手とこの妥協をやるのは、容易なことではない。これが、イギリスで、妥協のできないということがよくないこととされている所以であって、イギリスの政治家が妥協を政治上の徳と見る所以でもあり、ラスキーなどがスターリンを評して、その頑強な非妥協的な態度を救い難いものと評している理由であろう。イギリス人から見ると、そこに思想を枢軸としない社会、相手をも含めた全く人間中心の社会があるわけであり、そこに、理窟倒れの観念的な自由ではない、実際的な自由が、成立するのである。

イギリスの「自由」

こういった「自由」は、ドイツにもなければ、フランスにもない。

ドイツの自由については詳しくはあとで述べるが、それが個々の人間から離れた、いわゆる「ドイツの秩序」のなかに包含され、その秩序が維持される限りにおいてそこに個人個人の自由があるというふうに見られるとすれば、フランスの自由は、直接に個々の人間に結びつき、個々の人間によって主張されるものではあるが、そこには自分と同じように自己の自由を主張する他の個人との間の調和が、十分には予定されていない。そこで、フランスでは、個人個人が自由を主張する結果が、十八世紀この方、目立って社会的な闘争の形を生んで来ているし、それがしばしば産業的活動をはばむような結果にもなってきているが、イギリスでは、その自由が社会的な摩擦となることが少く、むしろ社会の展開の動力となっている。

ドイツ人は、自由を求めて動き出す場合にも、どこか観念中心といったところがあって、自分のことは忘れて、思想で決められたまま、まっしぐらに歩き出し、そして壁にぶち当ってはじめて気がつくというふうであるが、イギリス人はあくまで思想や観念を排して人間中心でゆこうとするのであるから、したがってその人間関係をうまく舵取《かじと》ってゆくということが、すこぶる重要な関心事になってくる。

このイギリスの自由とそれをめぐっている人間関係は、イギリス人の平生の言葉づかいにもよく現われている。直接の部下でもない限りは、イギリス人は決して、こうせよ、ああせよ、と命令するようには言葉をつかわない。May we suggest to you that you may perhaps wish to do such and such a thing?（かくかくのことを多分あなたが為《な》さりたいだろうということを、あなたに暗示いたしてもよろしいでしょうか？）といった廻りくどい表現は、どんな場合にも、事柄は各個人のそれぞれの意志が結局において決定するものだという「自由」の形式を厳格に守ったものだと見てよいだろう。

人間と人間との関係をうまく舵取ってゆく行き方は、そういうわけでイギリス人に独得なニュアンスをなしている。被圧迫者に対しても、イギリス人は少くとも表面上それが人間でないかのようには振舞わない。むろん時には、それが形式だけに流れ、腹の中はちがう、という場合がないとはいえまい。しかし形式としては、他人の自由意志をまず考慮に入れて、いわば人権を立てた形をとる行き方であって、それはイギリスの植民地支配を成功させてきた一つの要諦《ようてい》でもあったとも見られよう。

罷業者と警官

見方によれば、それはイギリス人のずるさということになるかも知れない。またイギリス人が自分の優越を意識しているところから来るのかも知れない。しかし、少くとも平時のイギリス国内においては、この調子は自然に出ているといってよかろう。自分と相手とのフェアーな対立である。従来においても、保守党の連中は、労働党が自分のチャンスをもとうと望んでいることを当然のこととしていたし、また過去においてもそのチャンスを与えて来ている。それは、利害相対立しながらも、どこかに相手の立場を認めているからであって、その結果は、対立は対立でも、むやみとはげしい闘争にはならない。利害は利害として、はっきり表明し、かつ争うけれども、それはお互に利害を調節しようとする努力ではあっても、全人格をあげての闘争ではないのである。

一九二六年の大ストライキのときに、罷業《ひぎょう》をやっている労働者の一団と、その警戒の任に当っていた警官隊とが、平和裡《り》に和気《わき》藹々《あいあい》とフットボールの試合をやったという話がある。労働者と警官は任務の上の対立だったわけで、その間でスポーツをやることを妨げるような人間的な対立ではなかったわけである。また同じとき、当時の皇太子プリンス・オブ・ウェールスは罷業者扶養金庫に個人として寄附をしたという話もある。皇太子が労働者に味方をしたといって、皇太子を社会主義者と呼ぶものもいないわけである。人間にはいろいろの面があるということが何でもなく理解されるのである。

そこで、その社会闘争なども、フランスのように、二つの相対するイデオロギー乃《ない》至《し》は階級的な感情が、自由の名においてお互に退引《のっぴき》ならぬ形で闘争するのとは違って、人間の自由をお互に第一次のものと認めるがゆえにこそ、思想の違いは軽くみて、利害の相違のみに重点をおき、その相違を調和させ妥協させようと戦うのであるから、戦いは人間の全人格をあげての、全的な闘争になるはずがないのである。

イギリスはいま、この人間の自由の上に、この自由だけは失わないように、社会主義を建設してゆこうとしている。そこに、いろいろの自由を停止してこれをやろうとする行き方とはちがって、非常なむつかしさがある。それにもかかわらず、なぜ社会主義がイギリスに要請されているかといえば、それは何らかの固定したイデオロギーがこれを要求しているのではなく、動きつつある「現代」の現実に対するプロポーションのとれた認識が、自由な各人の認識が、それを要求しているのである。動いている周囲の現実を彼らは取入れてゆかねばならぬから、それが要求されるのである。そうすると、やはりイギリス人は、「歩きながら考え」、考えながら歩いているといえるであろう。

信頼の基礎

この調子を、もう少し現在のイギリスの実際に近づけて、見てみよう。

いま前に述べたクリップス卿の思想が、大まかながらイギリス労働者の考えを代表しているとみよう。そして仮りに、さっき引合いに出したその著書『基督教デモクラシーへの道』を保守党の人に示したと仮定しよう。この反対党の人は、恐らくこの書に対してそのまま全的には同意せぬことは確かであろうが、それでもこれを不倶戴天《ふぐたいてん》の敵だというふうには考えまい。ところでそのクリップスがここに書いているところを見ると、先《ま》ず何よりも彼は、キリスト教の信条に極めて忠実ではあるが、同時にその社会改革に対する態度はかなり徹底的である。彼の言うところによると、――……デモクラシーは経済生活のなかにだんだん導き入れられてきておって、労働者はだんだんその権益を主張しうる地位に到達しつつあるにはあるが、それはむろんまだ十分ではない。結局は、土地と生産手段の私有を廃して、それを民主的にコントロールされた国家の手にゆだねるという方策が必要になってきた。他のいろいろの方策が実際に失敗している今日、自分もまたこの方策よりほかはないと考える。ただその国家の行動をコントロールするデモクラシーは、あくまでキリスト教的精神に充《み》ちていなければならぬという前提のもとに、自分はこれに賛成である。……というクリップスの叙述の、身についた調子からすると、その考えはいい加減のお説教だとはとれない。また学問から割り出しただけの社会主義の言説とも口ぶりがちがう。なるほど、その言うことは食いたらぬという感じがないでもあるまいが、他方においてこの人は、商工大臣として輸出産業の内部的改革に手を染めたし、大蔵大臣としては高率累進《こうりつるいしん》の財産税にメスをつき入れるなど、その言説を徐々ながらも実際に実現しつつあったのである。

そこで、こういう首脳を擁して前進しているイギリス労働党が、一つの社会主義理論の体系にこびりついたものでないことは明白であって、デモクラシーはイギリス伝統のままを生地で踏んでゆこうというのであり、それに、はじめからの前提として多分にキリスト教的な気分が骨髄に通っているのであるから、自由党や保守党との間にも共通する幾つかの面があることは前にいう通りで、何よりも互に相手を信頼する基礎はあるのである。どの政党の場合も、その考えには、いわば三本も四本も足がついていて、一本足で立っているのではないから、衝突しても、妥協しても、大怪我はなく、命取りにはならない。いわば反対党とも同じ平面の上に立っているのであって、ただその平面が強いていえば傾斜していて、一方は幾分高いところに住み、他方は低いところに居を構えているというわけで、この相違は、実際のところただその代表する階級の現実の利害から来るだけである。ただ、持つものと持たざるものとであるに過ぎない。

極端に引伸していうなら、一人のイギリス人、または一つのイギリス政党は、三つでも四つでも、自分自身に矛盾しない限り幾つもの思想を抱いている。それは自分自身として矛盾を感じさえしなければよい。思想の主人公はあくまで自分であって、思想そのものは自分の行動のいわば参考にしてゆくに過ぎないから、多少の形式的な矛盾ぐらいは、我慢ができるのである。

政党の安定性

そこにイギリスの政党の安定性がある、といってよかろう。イギリス労働党が安定しているということは、むろん労働組合がこの政党の土台となっているからであろう。むしろ労働組合が政党をもっている形で、その労働組合に統一があって分裂がないという実際の関係から来るのではあるが、他面からいうと、何かのイデオロギーが先に立っているのではなく、労働階級の実際の利害に出発しているところに安定性があるともいえよう。したがって、極端にいうならば、労働階級の方に分裂が起らない以上は、その利益を代表する政党または代議士群に分裂ということはあり得ないということになろう。

一九四七年の夏、労働党左翼の棟梁《とうりょう》クロースマン氏をロンドンの「ニュー・ステーツマン・アンド・ネーション」の編輯《へんしゅう》局にたずねたとき、私は、二、三の質問をしたなかで、

「あなたの左翼とフランス社会党の左翼とはどういう違いがありますか」

と問うてみた。それを聞こうとしたのは、その前年来、このクロースマンの率いる百名ほどの党左派の代議士が、労働党の政策に内側から反対し、いわゆる「反逆」を試

みたことがあって、非常に注目されていたあとであったからであるが、クロースマン氏は即座に、何という愚問だといわぬばかりに、

「それは何んでもない。フランス社会党の左翼というのは分裂の可能性をもっているものだが、我々は分裂ということの考えられない左派なんだ。我々代議士のグループが分裂しても何にもならないじゃありませんか、労働階級には分裂はないんだから」

こう答えたのを憶《おぼ》えている。

一人のイギリス人と三人のフランス人

実際、労働党内の左翼とか右翼とかいっても、多少の例外を除いては、いわゆるイデオロギーの相違というようなものがないばかりでなく、考え方に根本的な違いがない。考え方の根柢に違いがなく、しかもいろいろの思想を包容することができればこそ、労働党が大きな幅をとることが可能になる。これは、フランスあたりでは、できないことである。イギリス人の場合には、いろいろの思想を、またそれを断片的に部分的に持っているということが可能になることは前にいった通りであるが、このイギリス人の場合に、その一人のイギリス人が抱いている思想が仮りに三つの系統からできているとする、例えば社会主義、民主主義、キリスト教からできているとすれば、

それはフランス人の場合には、三人の人間にそれぞれ分れてしまう。即ち、社会主義者、穏健なリベラリスト、カトリック主義者というふうに。あるいは三つの政党にそれぞれ分れてしまう。即ち、共産党または社会党、急進党、人民共和党《エム・エル・ペー》というふうに。

戦後は、フランスばかりでなく、ベルギー、オランダ、イタリー、ドイツなどの大陸の諸国には、ほとんど例外なく、キリスト教政党と共産党とが相対立して大きな幅をとって登場してきたが、イギリスだけにはそれが起っていない。それにはイギリスにカトリック教徒が比較的に少いというような理由もあるであろうが、イギリスでは、始めから、思想というものが分散した形で保守党や労働党に取入れられているためだとも考えられよう。そこに、イギリスでは、フランスのように政党分野が小刻みの小党分立とはならないで、大まかに利害の関係だけを地盤として、幅広く対立する所以があるのである。

社会を締めているタガ

労働党と保守党が大きく対立して、いわば国を真ッ二つに割っているのであるから、普通ならそれは容易なことではないはずである。もしそれがフランスのことであったら、その間の闘争がはげしく、場合によっては内乱のような状態がかもし出されぬとは限るまい。それがイギリスでは全く逆であって、イギリスの社会はすこぶる静かである。

戦後の騒々しいフランスを見た後でイギリスに渡った人は、誰れでもその感を深うするであろう。フランスでは、政治が街頭に躍り出ていて、政治的対立が人間の感情の尖端《せんたん》にまで出てきているという感じで、それが慢性的な社会不安を醸成しているように見えるが、ひとたびドーヴァーを越えると、社会の風景は全く別である。ここでは、政治が、その本来の任務に就いている。というのは、社会というものの周囲に強い政治という鉄のタガがはまっていて、社会がゆるんだり、ガタついたりするのを防いでいる。ここでは、何人も政治を信頼しているように見える。その政治とは、一つは与党の政府が全責任をもって仕事をしているということ、もう一つは、この政府を野党が横から四六時中監督しているということであるが、この二つの力の間を固く結び合せて、それを国民につないでいるものは、ほかでもなく新聞《プレス》である。イギリスの独立新聞は、与党乃至は政府の仕事と、それに対する野党の批判とを、正直に、そして克明に、伝達することを怠らない。そこで政府の仕事と野党の批判は、強い力となって社会を締めるタガとなる。こうして政治の力が強いということになるが、それはヒットラーのような独裁的な警察的な機構で上から押えている力ではなく、いわば社会自身が自分を守るために作っている力である。その自分で作った政治というタガの強さを信頼している社会は、いつも政治的な神経を尖《とが》らせていらいらしている必要がなく、みんなその日その日のビジネスに全力を注いでゆくことができる。それが、イギリス国民の強いエネルギーとなり、永年培かった植民地を失ったにも拘《かか》わらず、イギリス経済の不屈の回復力となっている。

私は、戦後、労働党内閣成立以来の政府の仕事ぶりに注意を払っていたが、外相のベヴィン、前の商工大臣で後の蔵相クリップス、保健相ベヴァン、前の動力燃料相シンウェル、その活動ぶりは外からみていても、まことに目覚ましいと讃辞《さんじ》を呈するほかはなかった。その閣僚個人個人の能力の高さと勉強ぶりを、我々の大臣諸公とくらべてみると、はなはだ遺憾なことながら、ただ格段の違いというほかはない。それを考えると、我々は決して国民ばかりを云々するわけにはゆかないと思う。石炭国有を実現するまでのシンウェル氏の活動や、輸出工業の振興に払ったクリップス卿の努力などを見ていると、これらの連中が一人一人もっている独自の見識とそれを実現しようとする熱意とは、人を動かさずにはおかないようなものがあった。

不断の観察

クリップス卿は、輸出促進のために、機会あるごとに繰り返し繰り返し、イギリス経済がいま如何なる地位にあるかを説明した。新聞はまたそれを忠実に伝えた。それはまた、新聞が伝えるに足るだけの内容と新味とをもっていた。下僚に書いてもらった原稿を彼は読んでいるのではない。彼自身の考えを、国民に投げつけていたのである。それを聞いたり読んだりする国民は、結局、彼の構想を理解すると同時に、彼ら自身の国民経済がいま世界経済という大洋のどのあたりを航行しているかを、理解しないわけにはゆかなかった。このイギリス経済に関するクリップス卿の航海図そのものは、誰れが考えてもなるほどと思うような常識的なものであったが、それによって各人が努力の方向を見出《みいだ》すようなものであった。結局、戦後のイギリス経済を国民に叩《たた》き込んだのはクリップス卿で、国民はクリップス卿のもとで大体にイギリス経済について共通の考えをもったといっても、そう過言ではあるまい。例えば、ここ暫《しばら》く輸出が伸びなかったらお互はまた少し配給を減らすほかはあるまい、というようなことについても、国民をして自ら覚悟せしめるような明快な知識が与えられていたのである。

これは常識である。常識は多面的であり、多数の人に適用できるものでなくてはならぬ。労働階級の利益の上に立つ労働党も、この常識を踏みはずしてはならない。経済の問題にもたくさんの面があろう。資本と労働とが利害するどく対立するということが一つの面であるならば、資本と労働も同じ国民経済という枠の中では共通の利害の上に立つということも、一つの面である。そこで国民経済の床《ゆか》を高めないかぎりは、利潤の争奪ばかりに浮身をやつしても始まらないということは、イギリス労働者にも一応の常識であって、それはフランスの労働組合の考えとひどく違う点である。こういう常識を、クリップス卿のような人々が、さらに一段と高め、そして堅めてゆくように見える。しかしそれには、考えを作るのにつねに見落しをやらないという態度が必要で、それにはまた不断の観察、つねなる勉強と努力をもってしなければならないということを、イギリスの現代政治家は教えているのである。

ドイツ

二つの門

ある皮肉なイギリス人が言ったことらしい。こういう話がある。――

話はドイツのなかのことである。二つの門が並んで立っていた。第一の門には、「天国への入口」と書いてあった。隣の、もう一つの門には、「天国に関する講演会への入口」とあった。ところが、すべてのドイツ人が、最初の門をくぐろうとはせずに、この第二の門へと殺到したというのである。

これは、少々深刻に描き過ぎた話であるが、いろいろの意味を蔵している。それがドイツ人の性格というか、ものの考え方というか、それを諷刺《ふうし》していることはいうまでもない。この話によると、ドイツ人は「天国」へと直接に導く門が立っているのに、それにはいろうとはしないで、天国に関する理窟《りくつ》を聞きたがっている。ドイツ人は、本物の天国よりは天国に関する理窟の方がすきだ、ということになるのである。

そこで、我々もしばらく、この理窟ずきのドイツ人と行を共にして、彼の好むところに従って「第二の門」をのぞいてみることにしたい。

この話によっても、ドイツ人にとっては、本物に直接ぶち当る前に、それが論理的に正しいかどうかが問題になるもののようである。言いかえると、彼にとっては、論理的であるということが、そのまま真実であるように見えるらしい。こういうと、少々言い過ぎであるように聞えるかも知れないが、簡単な会話の相手として出てくる普通のドイツ人の態度を見ていると、よくそれが現われているように思えるのである。理窟が整然として筋が通っていることと、その理窟が細かく、そして分量が多いということで、論争の相手を参らせることは容易である。

「なるほどお前の言うことはローギッシュ（論理的）だ！」

ということで、たいがいの議論はお終《しま》いになる。

同じ筆法でイギリス人に立向ってみても、まず失敗であろう。なるほど理窟が通っているということは、いずれにしても必要で、イギリス人もまた合理的な説明を求めずにはおかないが、イギリス人は一通りの理窟だけではなかなか承知しないのである。理窟はあくまで理窟であって、ものの本体ではないと自覚しているのであろう。ところが、ドイツ人にとっては、理窟はものの本体の道理からきたものである。少くとも本体と結びついたものであって、だからこそ理窟そのものが真実と選ぶところのないものだという信仰がでてくるのであろう。ドイツ人が、その理論的な説明を完全なものにするために、その論理がものの「本質」から出てくるのだというふうに説明したがるのは、このためである。ものを説明する場合に、その「本質」というようなものとのつながりは、イギリス人にとってはあまり必要でない。それどころか、ドイツ人のいう本質というようなものは、そもそもイギリス人の眼にはあまり映ってはこないのである。

奥の奥で統べているもの

だいいち、ドイツ人の得意とする das Wesen（本質《ヴェーゼン》）という文字にぴったり当るような言葉は、英語にはないといってよかろう。辞書を引くと、ドイツ語の Wesen は英語では being とか、existence とか、essence とかいった言葉で出ている。あるいは nature とか character とかいうことになっている。このうちで、ドイツ語の Wesen に最も近いのは essence（精髄《エッセンス》）であろうかと考えるが、これとても、どこかに感性的な匂いがつきまとっていて、どこか手に触れられるもの、鼻でかげるもの、といった感じである。それにこのエッセンスから説き起していろいろの現象を説明するというような行き方は、イギリス人はあまりとろうとはしない。ところが、ドイツ人のヴェーゼンは、いろいろの現象の奥に存在し、その目の前の現象とは一応区別されるものとして、観念的にのみ摑《つか》むことのできるものである。その摑まれたものがただ観念されたものにすぎないのか、それともそれがものごとの実体なのか、そこはドイツ人にとっても、大いに問題であるようであるが、それはともかくも、ドイツ人にとっては、ファウストと一緒に、「一体この世界を奥の奥で統べているものは何か。それが知り度《た》い」というわけである。

ところが、そういうものを持ち出しても、イギリス人には甚だ通りが悪いのであって、それよりは事物を外から見た側面であり属性である nature や character が大切である。一人の男を見る場合に、彼には強いという性格、残忍という性質、勘定高いという癖があるというふうに、その男が確かにもっているいろいろの性質のそれぞれが重要なことになるのであるが、それらのいろいろの性質が綜合《そうごう》された上で一体どういう「本質」をなすかというようなことは、イギリス人にとってはあまり関心事ではない。ところが、ドイツ人にとっては、論理的に説明されることは真実であり、実在するらしいのであるから、本来は観念であるにすぎないこの「本質」も、実在するものと取りがちになって、その本質が個々の現象とどう関係するかを説明することによって、ものごとの全体が摑まれるということになるし、またそれによって、ものごとが論理的であることが完結すると考えられるのである。

そういうふうに、簡単な議論のなかでも、論理が一貫しているということが絶対的に近い意味をもつのであるが、それがだんだん高い段階の議論にすすんでゆくと、その論理的なものは、それによって一切の説明がつくような「本質」的なものに結びついていなくてはならないことになる。そうでないと、ことは「真実」ではないということになる。

反対の側からいうと、あくまで論理的に摑まれたものは真実であると考える傾向から、その論理的に把えられたものはそのまま真実として、血の通った人間の主観から離れて、独立してくる。本来は人間の思考という実践から出てきたものが、人間の実践から離れたものと見られ、客観的なものと見られるようになる。その客観的なものは、場合によっては目に見え、耳で聞えるような現実よりも、もっと意味のあるものとなってくる。そこで、ドイツ人は、天国への門をくぐることを忘れて、天国を論議する門の方へと引込まれてゆくのである。

精巧なカメラ

こういったドイツ人のものの見方は、次のようにも説明されるかも知れない。

私は、前にイギリス人について話したなかで、イギリス人がものを見るときの一つの特徴として、その視点が一つところに固定させられないで、転々としていくらでも動かされるということを書いたが、これに較べると、ドイツ人の場合は、その視点が一つところに固定させられて、そこから事物を詳細に観察してみるというようなところがある。前にあげた比喩《ひゆ》でいうと、イギリス人は、例えば、富士山を見るのに、田子の浦からばかり眺めないで、箱根《はこね》の上から見たり、甲州《こうしゅう》から仰いだりして、富士の周りをぐるぐるめぐって見るというような行き方をとる、ということがいえるなら、ドイツ人はライカやコンタックスのような精巧なカメラを乙女峠に据えて、そこから富士を撮影するといったようなやり方をとる。これが、対象が富士山みたいな八面玲《れい》瓏《ろう》なら、大ざっぱなところでは宝永山を見落すかどうかぐらいが問題になるだけで済むが、不規則な姿をしたほかの山だったら、結果はだいぶん違ってくるはずである。

しかし、一つの対象をめぐって視点を変え、足場を変えてみるということになると、足場が変わるだけに見方の統一というものはなくなる。勢い、いろいろの場所から見た形象を、見る人自身が頭のなかにもっていて、あとでいろいろと形の違ったものを自分で繋《つな》ぎ合わせたり、重ね合わせたりしなければならぬわけで、これを統一的に説明するということになると困難を感ずるに違いない。勢い、たくさんの印象をならべて、これを主観的に、言いかえるとそこに自分の気持と解釈とを入れて、一つの結論を出すということになろう。そこで、自分には相当の確信はあっても、論理的な客観性といったものはなかなか要求しにくいことになる。どこでも自分の見方であるという意識がついて廻るのである。

これに反して、一つの固定した立場からの観察には、精巧なカメラでとられた写真と同様に、いわばいかにも客観性があるように見えるし、また印象そのものはハッキりしているから、統一的な論理的説明もやり易いことになろう。しかし、それが統一的に、客観的に、矛盾なく説明されればされるほど、出来上った形象はこれを見る人の主観から離れてゆく。それは写真が撮影者から独立するように、出来上ったものと、これを把持している主体の人格とのつながりは一応断たれるかたちとなろう。むしろそれは、それを摑んだ人間から離れれば離れるほどよいというわけである。そしてその摑まれたものが客観的なものであり、真実であるということは、ただそれが統一的に説明されるということによって、言いかえると把握が論理的であるということによって、裏づけされていると見られるのである。しかし、論理的であることによってほんとうに真実であることが裏づけされるかどうかは、むろんどこまでも問題である。

王座にのぼるイデー

ドイツ人のこういった傾向も、高低いろいろの段階に分けて見ることができる。低い段階では、さっき言ったように、ただ通り一遍にローギッシュ（論理的）であるということが事柄の真否を決定するというだけのことにとどまるが、その同じ傾向を押し進めてゆくと、あくまで論理的に構成された表象なりイデー（観念）なりは、結局それが人間の主観を離れた真実だと見られているのであるから、その表象なりイデーなりが、真実という権威をもって、ついに王座にのぼり、人間の生活に君臨したがることになるのは当然で、いきおい人間の生活を規律するような地位につくこととなる。いわばイデーは、実在的なものとなって、そのイデーに従って人間生活が規定されねばならぬということになる。

それは、古いところではヘーゲルを見ても、フィヒテを見ても、窺《うかが》われることであるが、しかしそこまで行くには、人間の生活やその在り方も、一応はそのイデーのなかに取入れられていなければならぬ。例えばドイツ国民の歴史的使命としてその行動を規定する一定の方向が、フィヒテの歴史哲学の結論から出てくるように、何らかの形で自分たちのあり方が、イデーの中に映し出されている。とはいえ、人間たる我々の在り方がイデーの中に包摂されているといっても、それはあくまで観念であり、イデーであって、生きたままの血の通った我々とは離れて独立なものであるという点は、さきに述べた低い段階での「真実」と変るところはない。この現実と表象とがほんとうは離れているのだという意識、言いかえると客観と主観とは別だという意識は、どこかでつねにドイツ人を支配しているに違いないから、この二つの世界を、できるだけ接近させようという努力がなされねばならぬことは当然で、結局は、歴史や人間そのものをあくまで精密にとらえて、これを表象の世界、即ち学問の世界の中に一定の地位を与えて押し込もうと努めることになる。それはちょうど、イギリス風のものの見方では、出来るだけ多面的な形で精密に見てゆくということに努力が集中されるのに当るわけである。

しかし、ドイツ風の場合には、視点は最初にいったように一つである。視点を転々と変えてゆくことは許されない。というのは、むろん、実際にはいろいろの観点から観察し研究するとしても、これを一つの世界として表象する場合には、その立場は一定していなければならぬということである。言いかえると、それは、二元的に分裂したり、多元的にバラバラになったりして、論理の継ぎ目がなくなるようなことであってはならない。ともかくも「矛盾」ということのないのが、その学問の建前である。そこで、これを押しつめてゆくと、人間の実践は実践で、学問は学問、というわけにはゆかないのであって、学問は人間の実践をも包容しているようなものを、少くとも建前として目指していなくてはならない。そうでないと、それは自然科学的な部分的な認識としては立派に通用しても、ここに問題としているような、血の通った人間の生活をこめた歴史の解釈とか、世界観とかを目指している学問にはならないのである。

教理の連山

その点は、理想主義的な世界であろうと、唯物論的な歴史世界であろうと、根本的にはかわらない。ただそれが、統一的でなければならぬ要求と、人間をふくむ包括的なものでなければならぬという要求とを満すためには、その学説をあくまで論理的な網で隙間なく包み切ってしまわねばならぬことになる。この論理の網の目が弱いと、この学問なり学説なりは、人間の生活までも規定する力をもちかねることになる。

そういうわけで、この体系的な世界は、あくまで統一的な全体を目指していなければならないことになるし、そうなると、それはまた、簡単に一部分だけを変更したり修正したりすることのできない性質のものとなる。そこで、ドイツの哲学が、古典時代以来、一つ一つ大きな体系をなして、それぞれ山のように固まっているのもそのためであり、それ自体がどうにも修正のできないドクトリン（教理）の形をとって固定し、後世の人々は、連なる山々の峰《みね》を仰ぐように、これを見上げている。ドクトリンそのものは、例えばヘーゲルの場合なら「世界精神」というような、いま考えれば馬鹿げて見える本体《イデー》の上に築かれていても、その大きな構造の、論理的な矛盾のない迫力に気をとられて、恰《あたか》も荘厳なゴシックの大伽藍《がらん》を見るように、これを打仰ぐ人々を陶酔せしめるというふうである。

近代的大伽藍

マルクスに至って、この建築は一躍して近代的なものとなり、それは自然科学の発展と並行し、また関連し合うことによって、十八世紀のいわゆる「精神」を追放したのであったが、経済学で精密な科学を打樹《うちた》てたそのマルクスは、唯物史観ではやはり人間と人間の行動をも包括した世界観として、一個のドクトリンを作り上げてしまった。

経済学におけるマルクスの精密さはいまさら言うまでもないし、またその経済学が科学としてはイギリス古典派をはるか越えていることも確かである。イギリスの経済学は、例えばリカルドーに代表されるように、個々の経済現象の間の関係を求めるのがその仕事であった。例えば、「利潤」と「賃銀」という二つの現象の間に、ニュートン力学が求めたような法則的なものを追求しようとしたもので、いわば「平面の上の関係」を求める学問であったが、マルクスはこれをいわば「立体的に」引直して、資本主義という生きた一時代の経済現象を解剖するのに、その前の時代からの発展を追ってきた。そういう形で経済の理論を築き上げていった結果は、古典経済学と比較してはるかに刻みの深いものが出来上がった。いわば静止した平面上の関係を、幾枚も重ねていって、そこに立体的な動く関係を追求したわけで、経済学としては高度に精密なものを作ったわけである。

しかし、このマルクスの経済学と唯物史観との間には大きな隔りがあるはずである。問題の範囲として比較的に狭い一定の限界のある経済学は、厖大《ぼうだい》な『資本論』全三巻に畢生《ひっせい》の精根を打込んで書き上げられているが、これにくらべて問題の領域が比較にならぬほど大きい歴史については、犀利《さいり》な史眼がその作品の所々に鋭鋒《えいほう》を出してはいるが、経済学に向けられたような広汎《こうはん》な研究が歴史について記述されているわけではない。極端にいうと、その研究は一頁に盛られるほどの公式の中に集約されたものが、唯物史観の全貌《ぜんぼう》として示されているにすぎない。

いうまでもなく経済学からの結論は、歴史研究のほんの一部に寄与するだけである。また、経済学がいかに完璧《かんぺき》に近くできていても、そのなかでは人間の行動の一面だけが規定されることができるだけである。その学問の効力の射程には、明かにはっきりした限界がおかれる。しかし、そういった経済学とは違って、体系的に出来上がった一つの歴史観を正しいと見れば、そこには人間の全面的な存在の仕方が規定されてあることになる。例えば私は、あの階級の一員として、一定の地位をその間に占めることになる。あるいは、この歴史的な必然を是認する限りは、私の動くべき方向がそこに規定されることになる。私がこの史観を信奉するかぎりは、要するに私の考えや行

動は、この史観によってその方向を規定される建前となるのである。（四二頁、第四図を参照）

唯物史観は、歴史観として近代的なものの一つで、真実の部分をふくんではいるであろうが、それが人間の全的な思想や行動を規定することを要求するものとしては、やはり一つのドイツ風の教理であり、ドクトリンを形成しているのである。それは、経済学が科学であるように、科学であることを要求することはできない。

修正困難

イギリス人ならば、このドクトリンのなかの気に入った一片だけを切り取ってきて、それを適当に自分の考えの中に取入れても平気であるが、ドイツ人的な考え方からしては、精緻《せいち》な論理をもってそれが現代風に構築されていればいるほど、これを修正することもなかなかむつかしいと見るのである。それは、一つの完成したスタイルをもったゴシックの建築が、部分的に修正することがむつかしいようなものである。

十九世紀末のドイツで、マルクス説に対する謂わゆる修正主義が、甚だ不評判で、異端視されたのもこのためであったろうし、またその修正が、わずか数カ年のイギリス亡命生活でイギリス風の影響を受けて帰ってきたベルンシュタインによってなされたことも、偶然ではなかったろうと思われる。ドイツ社会民主党の歴史を通じて絶えず行われた論争が、つねに理論闘争として、あくまで統一的一元的な世界観を守ろうとする、極めて学問的な、教授風の論争であって、イギリスにおける議会の論争のような政治的な性質でなかったということも、このドイツ人の考え方をよく示しているし、また修正主義の上に立つその後のドイツ社会民主党が、ドイツの理論中心の要求に対応せねばならぬところから、共産党の攻撃に対してつねに受身の立場に立たされて、どことなく弱味を曝《さら》していなければならなかったというのも、この辺から来ていると見てよかろう。

それは、イギリスでは何ら固定した理論も厳密な史観も持たない労働党が、却《かえ》ってゆるぎのない発展を辿《たど》っているという事実と比較してみて、初めてわかるドイツ的な根深い性格である。

真理は一つ

観念が現実よりも先に立ち、その観念が論理的一元性を要求するということから、ドイツ国民の思想的な傾向に、もう一つ、重要な特徴が出てくる。

一元的であるということは真理は一つだということでもあるし、妥協を許さぬということでもあるが、それだけに、一つのまとまった思想なりドクトリンなりが出来ると、それはだんだん大きな幅をとり、全国民的なものに拡がってゆかねば承知しないようなところが出てくる。実践よりは理論が大切だという点からも、大きなドクトリンに対しては、これを絶対視し崇敬するということにもなるし、真理というものは一つだというところから、勢い二つ三つのドクトリンが自由に並び存して平気だというわけにはゆかない。いつかは一つの思想体系が、他の思想体系を排除しながら、全ドイツを覆うてしまおうとするような傾向が出てくる。荒っぽくいえば、一時代を一つの体系的思想が支配し、その思想に従って行動をするのが全国民の使命だというような要求がどこかに潜んでいる。それは、観念と現実との開きからくるドイツ人の悲劇を、個人的な規模から、国民的な規模へと、大きく拡大することになる。

最近までの百年間をとってみても、そうした傾向は見られよう。一八四八年の革命からドイツ統一に至るまでは、特にビスマークの業績を裏づけした形となっているトライチケの思想が、可なりのところまでそういう役割を演じているし、ビスマークから一九一四年の大戦に至るまでの間では、その間に拡がったパン・ゲルマン連盟の思想活動がまたその典型であり、最後にはこんどの戦争までのナチスの運動の中に、この傾向がまったくドイツ的な姿を呈してあらわれているのである。

トライチケ

ドイツの統一は、プロイセンとその宰相ビスマークの政治的な実際活動に負うところが多かったことはいうまでもないが、それには思想的な運動が非常に大きな役割を演じている。先ごろ、国民主義の歴史を書いたフリードリッヒ・ヘルツという歴史家は、「ドイツの国家主義は、ほかの多くの国に比較して、知識層による鼓吹《こすい》に負うところが遥《はる》かに大きい。これは国家主義の発展において哲学者と歴史家が大きな役割を演じたことを物語っている」と言っている。ここでも、実践に対する理論の重みは大きかった。そして、その思想的な活動には、むろんいろいろの人物と思想とが登場してくる。一八四八年の革命後には、当初まず自由主義者が出てきて、それが次第に変っていったのであるが、その当初の自由主義者も、ドイツ統一に絶対反対というのではなかった。ただ統一よりも自由を上位に置くという考え方であったが、これに反して、統一の主唱者はその逆の考え方をしていた。歴史家の多くが、この後者の立場に立って、特にプロシャの統一に対する使命を強調したわけであったが、その中心人物がトライチケであった。トライチケに反対する学者たちも相当に多かったが、結局はトライチケの思想が次第に力を得て、ついにドイツ統一の実現を見、その後のドイツ国家主義への道をペーヴする過程を阻止することができなかった。

大戦への辷り台

同じような過程は、一八九一年にはじまって第一次大戦に入り込むドイツの思想的準備をしたパン・ゲルマン連盟の場合には、もっと激しくなってきている。

その創設者の一人は、後のクルップの支配人フーゲンベルクであった。この連盟の会員というのはあまり多数ではなかったが、各界一流のメンバーを擁していた。一九〇八年まではライプチッヒ大学のハッセ教授が連盟総裁として指導したが、その主張は、要するにドイツをしてヨーロッパのみならず、海外においても、大帝国たらしめることであって、その路上における邪魔ものはほかならぬ大英帝国だというのであった。ドイツの統制下に欧州の経済連盟を作るという後のナチ下におけるドイツ・ブロック経済の先駆が、すでにこのときに出ている。さらに次の総裁クラッスやハウストン・ステワート・チェンバレンによって、「アリアン族」の一切の他の民族に対する優秀が主張されるようになったわけであるが、後のナチスの中心思想である民族理論は、第一次大戦前において、すでに完全に準備されていたといえるのである。

連盟の努力は、そういう理論から次第にドイツの「権力」を高揚するということに集中し、そのイデオロギーの中には遂に権力そのものが最高の目標として出てきた。「帝国主義」という言葉は、この第一次大戦前のドイツのために生れた言葉のように私には思える。

これはむろん、権力をマキァヴェリズムとして極度に嫌った前世紀末のトライチケの国家主義をはるかに超えたもので、それは直接公然と戦争を要求しだした。そこまでくると、この思想はもうキリスト教の倫理とも、ドイツ古典時代の思想家や詩人がかかげたヒューマニズムやコスモポリタンの精神とも、容易に相容《あいい》れないことになる。むろんドイツ人の中には、まだこういう古典的精神は力をもってはいたのであろうが、民族優秀の理論が、だんだんに国民特に知識層に食込んでいって、頭の中のバランスが壊れ出してきたのである。パン・ゲルマンの思想は、こうしてどことなくドイツ国民に覆いかぶさってきて、それが第一次大戦への思想的な辷《すべ》り台を作り上げることになった。こういうふうにして思想がドイツ国民を指導したといえるなら、その思想が現実にぶち当ったのが、第一次大戦におけるドイツ国民の悲劇であるといってよかろう。

思想の抗争

パン・ゲルマン連盟が活動した場合も、歴史学者や社会主義者などの、知識層の反対はむろんあった。しかし、この対立と反撥《はんぱつ》は、その次の時代にくらべれば、まだ激しいとはいえなかった。この思想の抗争史は、第一次大戦後からヒットラーの政権奪取までに、その高潮に達したといえるであろう。

私はここに「思想の抗争」という言葉を使ったが、これはまったくドイツの近世史に特徴的なもので、どこにでもあるというものではなかった。特にそれは、イギリスではほとんど求められないことであり、フランスではその形はまた違って現われている。

それも、第一次大戦前後までは、文字通り思想に対する思想の抗争といえたようであるが、ナチスの時代に到って、思想に対する思想の争いには、暴力が伴ってきた。実際に、ナチスは、荒々しい暴力をもって、ついに一切の他の思想をドイツの国外に追放してしまった。それは一つの理論が他の論理に勝った結果とはいえなかった。いわば思想の単一性を暴力的な形で貫徹したのである。いろいろと理窟はならべても、要するに「優れた北方の血」――これが結局ナチスのもとで国民に与えられた殆《ほと》んど唯一の思想であったと言ってよい。この地球上で最も高貴なる民族に属しているという気分を代価として、ドイツ国民は、次第に破滅に近づいてゆくことをすっかり忘れるという次第であったが、この奇妙なことが、この合理的な国民に、実際にはあまり手間どらずに行われてきたのである。

とはいっても、ドイツの青年たちが、まるでいわゆる「理論」なしにヒットラーを礼拝していたわけではなかった。彼らにも、理論がないではなかったのである。ローゼンベルグの『二十世紀の神話』は、その代表的なもので、それはあのころの青年男女にはやはり相当の魅力であった。巻を開けば、あらゆる哲学者の学説が引合いに出されているし、絢爛《けんらん》とした西欧文化の遺産が駆使されていて、その中を縫って理窟の糸は通っているようにみえた。ほかのことをあまり知らずに、それだけを読んでおったら、一応はドイツ哲学の殿堂の中にあるような理論的満足感は与えられるのである。その論理の糸の末が、ただドイツ民族を誇るにすぎない極めて一面的な結論に終っているということは、「論理」そのものに対する満足を、それほどひどくは妨げないものであったらしい。

ただ、この目の粗いナチスの理論で、一切の他の自由主義乃至《ないし》は社会主義への信奉者を屈服させることはできなかった。その力の不足を、ナチスは国家権力を掌握すると同時に、暴力をもって補ったと言っても、決して言い過ぎではあるまい。

観念と現実

しかし、このナチスがもった世界観、その観念が現実とはまったく合わなかったということは、第一次大戦のときのそれとまったく同様に、第二次大戦がこれを立証したような次第であった。

こういうようにその観念が現実と合わないで、その間に大きな狂いがあるとき、ドイツ国民の悲劇はすこぶる大きなものとなるわけであるが、その悲劇をドイツ国民は性懲りもなく今世紀において二度も繰り返した。ドイツ人がもっている「向う見ず」、「狂気じみた性質《ヴァーンジニヒカイト》」は、この現実そのものが見えずに、現実の写しだと信じ込んでいる「第二の門」へ突入するところにある。

しかし、その観念が現実とピッタリと合うときには、ドイツ国民は偉大な仕事をなしとげるということも見逃してはなるまい。

自然科学上の仕事は、その学問の性質上、殆んどすべてが、表象と現実の一致の実現である。デザインさえ過失なく出来ていれば、デザイン通りの優秀な仕事をするのはドイツ人である。社会事象の上でも、そういうことはいくらもあろう。第一次大戦後のインフレを収拾したレンテン・マルクの奇蹟《きせき》などは、その一つだと言われよう。

それは金価値の観念を基礎として、国民の全財産をかけて行われたのであるが、それは見事に成功した。ただ国民の全行動をぶち込んで大きな歴史を作ろうという野望をもつとき、ドイツ人のデザインはつねに狂いがちである。

デザインが厳密な科学の約束の上に出来ているときには問題はない。というよりも、その場合にはドイツ人の働きは前にいった通りすばらしいものとなる。それは今日までのドイツの「科学」が物語っている通りであって、この点でドイツ人が偉かったことは言うまでもない。それは、見落すことのできないほど顕著なことである。しかし、それが個々の科学の領域を越えて、人間の全人格を左右するような世界観的な観念《イデー》とか、ドイツ国民全体の方向を決定する歴史的イデーを扱ったものになると、まず失敗である。というのは、それは、論理的な思考を基礎とした今日までの科学の約束を踏み越えているからである。

しかしドイツ人にとっては、個々の科学の結論として出てくるものと、幾分とも哲学的な思考の結論として出てくるものとの間の大きな差異が、実際の上では見落されがちである。それは、どちらも論理的なものであって、そして論理的に筋の通ったものは即ち真実であると見がちな傾向から来るのである。

観念が人を殺す

こういうふうに表象や観念《イデー》を重く見、その観念《イデー》に絶対的な力を認めるということは、勢い、実際にはそれから切離せない人間の人格的主体的な役割を、軽視することになりがちになる。観念が絶対化されると、その観念がしばしば人間を殺すのである。ナチスの理論は、実際には無数の人間を冷酷無残に殺した。

そこまでは行かなくとも、日常普通の生活や交渉ごとのなかでよく見られるように、ドイツ人が相手を無視していろいろのことを押しつけがましく出てきて、時々嫌われることがあるのも、観念が彼の行動を導いてゆく観念中心の行き方からくる場合が多いようだ。

「それは禁止されている!」、「それは許されていない」、「規則がこうだ!」を相手かまわず真向から振りかざしてくるドイツ人である。彼には相手の顔などは見えずに、規定だけが彼の頭を占領しているようにみえる。汽車が混んでいてコンパートの外の廊下に立っているものが、四人がけの席に割り込ませてくれと交渉する。「この席は四人がけになっている。あなたはかけられない!」と突っぱねる。永いこと押問答して遂に譲らなかったのを、私は側で見ていて笑いをかみ殺したことがある。これがドイツ人である。そのドイツ人の発する「否《ナイン》！」という答えの、なんとまた強く響くことであろう。真向から一太刀で斬りおろすような調子で、英語のように余韻を残さない。もちろん比較の問題ではあるが、相手を「否《ナイン》！」で抑えておいて、自分の方は権利の許すかぎり、突き当るまで押してゆく。これがドイツ人のえらいところで、同時に大きな欠点である。そしてこれで、ドイツ人はヨーロッパ中で嫌われている。

それは、イギリス人のように人間中心の行き方とちょうど反対である。といってイギリス人が、あたたかい気持を人に与えるとは言えないが、当りはむしろ冷たくても、どこかに社交の限度といったものが心得られている。人と人とがぶっつかるその間には、人間的なクッションが挟まっているが、ドイツ人のように肩書や地位にあらわされた妙に観念的なものは、あまり挟まっていない。

しかし、ドイツ人の観念《イデー》尊重は、悪い面ばかりをもっているとは限らない。ドイツ人は秩序正しいのが好きで、組織的だとよくいわれる。これもデザインで動くドイツ人の行き方の一つであろう。実際にドイツ人はよく組織的にものを運ぶし、どこに行ってもよく組織が出来ている。

十人ばかりのものが一緒に旅行する場合でも、すぐに「組織」がうまくいっているかどうかが問題になる。それは、旅行の日程や時間、ホテルとの打合せ、部屋の割振り、見物の場所の選定、行く先々の招待の段取り、等々、そして十分と無駄な時間などが出ないように、連絡が行きとどいていて、いわばプラン通りに事がよどみなく運ばれるという「組織」であるが、それがうまく行っているときに、「おおこの旅行はすばらしく組織《オルガナイズ》されている！」と、ドイツ人は語り合う。そして実際、彼らはそれがすこぶる得意だ。

そこで、ドイツ人は、組織的だとか、組織的にやるとか、いわれるわけであるが、一段とものを深く見るものは、この事実をそうは見ない。有名なラテナウが、「ドイツ人は組織的だとは言えない、組織されうるものとしか言えない」といったというが、それは、上にのべたドイツ人における観念《イデー》と人間との関係を道破しているといってよかろう。

「ドイツの秩序」

こういうふうな、イデーと大衆との組合せ、これがドイツ人にとって何より大切な謂わゆる「秩序《オードヌング》」であって、この「独逸の秩序《ドイッチェ・オードヌング》」によって、ドイツの大衆は自由と安心とを得て生きているようなところがある。

電車の中で、どう見ても元気そうな男が、私に向って席を譲ってくれというのを、不審に思ってためらっていると、その男は手に戦争負傷者の証明書をもっている。この証明書こそ、ドイツ人の日常生活を規定する「秩序」を示すイデーの現われである。この秩序は彼らにとっては絶対的であるから、たとえ彼がほんとうに健康者であっても、何人もこれに従うというわけである。

　ハルツに登る小さな電車のなかであった。早春の山のことで、車内はさすがに朗かではあったが、季節のせいでみっしり混み合っていた。その中をおしわけるようにして車掌が検札にやってくる。私が面倒くさいナといわぬばかりの顔をしたのを見てとったらしい横にいた十七、八の娘さんが、

「独逸の秩序《ドイッチェ・オードヌング》です」

と、小さい声で微笑しかける。うるさいでしょうが、切らせておやんなさいという意味である。小さいところはまずその辺から始まる。

　そしてそれのよいところは、ドイツ人の眼には自分という個人が出てくる前に、いつも集団生活の全体が映っていることである。それはあるべき姿としての社会や集団の観念であって、それが個人に先行しているといえる。秩序という観念は、そこから出てくるのであって、これは、我々日本人の眼には、普通の場合にはまず第一に粗野な形で自分が映り家族が映っているのと、だいぶ違ったところが感ぜられる。例えば日々の「くらし」の問題を考えるとき、我々の頭には家の中の暮しのことが第一に出てくるが、ドイツ人の場合にはそれに劣らず社会の暮しも同時に浮んでいるようであ

る。道路だとか公園だとかが、たしかに彼らの暮しの中にはいっている。公園の花や木は、彼らにとっては、他人のものではなく自分のものである。それゆえに花盗人《ぬすびと》もいないのである。家を建てるにしても、ひところの日本では、道路のことなどにはあまり気も配らずに、至極勝手に家そのものの家相や方位だけを卜《ぼく》して建て、道がどう曲ろうとお構いなしという具合だったので、古い町はたいてい蛇のようにうねっている。ドイツ人ならまず完全に規劃《きかく》した道路を作った上で、その道路に沿って個人個人の家を建てる。全体というか、社会というか、それが最初に頭に浮んでいるわけであろう。

これはあえてドイツに限らず西ヨーロッパには一般だといえるかも知れないが、それでも、フランス人の個人主義は、あまり整理らしいものも目立たぬ乱雑なパリの交通のなかで怪我をしないというところに出ているし、ロンドンの大きくうねった街路や、継ぎたし継ぎたしして伸びていったらしい建築などには、町が古いというせいもありそうだが、全体のプランが先に立つドイツ人の仕事とは、やはりどこかに違いが感ぜられる。そして、ドイツの「全体」とか「社会」とかいうものが、観念から来ている合理性をもったものとすれば、日本にある「全体」はかなり素朴な集団意識で、まだ合理性の網で濾過《ろか》されていないと言えそうである。日本の「全体」は、いわば個人のない集団で、それを「一致団結」と呼んでいる。戦争や組合の闘争となると、それがバカ強い力を発揮する。その点では、我々は、ドイツの「秩序」と、個人の生きているイギリスとを、もっとよく見ておく必要がある。

戦争もまた「秩序」

ところでこの秩序は、ドイツ人にとっては壊してはならない大事なもので、いわばドイツ人が生きてゆく軌道であって、それが壊れてしまうと、各人は自分の動く方向を失ってしまうといったようなところがある。

話はいろいろと飛ぶようであるが、こんどの戦争中、ヒットラーやエス・エス（親衛隊）に対するドイツ人の反感は相当なもので、蔭口《かげぐち》や悪口は到るところであった。ナチの党員でない限りは、多くはヒットラーには反対で、戦争にもまた反対であった。一家こぞって、客もまじえてヒットラーをののしり、その名が出るたびにおふくろは拳《こぶし》を振りあげて反ナチを表明しているという状況であったが、一旦《いったん》、その息子に召集状がくると、この家族は、一切を思いあきらめたというのか、こんどはもう文句も言わずに、ささやかな晩餐《ばんさん》の後に一人息子を戦場に送り出している。息子は息子で、近所の人達に見送られるでもなく、ひとり飄然《ひょうぜん》とルックサックをかついで登山でもするかのように出かけてゆく。親達に同情して挨拶《あいさつ》の言葉をかけると、「いや、これは義務です！」という一言以上にはあまり愚図愚図も言わない。戦争もまた、いまの場合には、彼らにとって一つの「秩序」である。この息子は、「一死報国」の気持で戦争に行くのでもなければ、「てがら」を立てようというのでもない。厭《いや》は厭にちがいあるまいが、日本の若人のように死ぬつもりで行くのでもなければ、帰らぬ覚悟で行くのでもない。ヒットラー嫌いの彼にも、「ドイツの秩序」がそれを命令するのである。

あれほどヒットラーが不評判で、国民の大半はナチを好んではおらず、戦況の不利は日に日に明白になっていったにもかかわらず、そうして最後には、敵は東西からベルリンの足もとまで押寄せてきたにもかかわらず、崩壊の前年に一握りの将校たちが試みんとして失敗した「七月事件」のほかには、ヒットラーに対する反抗運動らしいものが遂に起らなかったということも、お隣りのフランスに較べると、ずいぶん顕著に調子の違う話であった。それは何よりも秩序の崩壊を恐れるドイツ人の傾向の一つのあらわれであったと見てよかろう。

ドイツの「自由」

このドイッチェ・オードヌングは、何よりもイギリスのデモクラシーと全く対立した社会意識の型を打ち出している。同時にそれはまた、フランス人のなかにも見出《みいだ》しにくい社会意識でもある。ドイツ人の「自由」という考えも、またこの社会意識の中におさまっている。それはイギリス人の自由とも、フランス人の自由ともちがう。ドイツ人の自由は、この外側にかぶっている固い殻である社会の「秩序」によって、言いかえると外的な規律《ディスシプリン》によって、内側にそっと保たれている。個人個人が自主独立の人格として、直接、外に向って自由を求めようとするのではない。これはむろん極端に型を引伸したものの言い方ではあるが、そこにドイツ人の自由が、フランス人の自主独往的な自由とも、またイギリス人の相手方との調和を予想した自由とも、いちじるしく違っているところである。

このドイツ人の「自由」は、何よりもよく、その最近の政治史のなかに浮き出ているように思われる。

一八四八年の革命からビスマークのドイツ統一に至るまでの十九世紀の後半は、前にもちょっとふれたように、いわば自由と国家主義《ナショナリズム》との闘争の歴史で、それが結局はドイツ国家主義の勝利に終った。この勝利は、さっきも言ったように、知識層の力に負うているところが多いし、その点で哲学者や歴史家がここで演じた役割は、他の国々におけるよりも、遥かに大きかった。その国家主義に対抗して当時のドイツの自由主義が目指したものは、いま我々のいう自由とは少し違っていて、ドイツ統一に対する地方的な「自由」といったものであった。革命直後はまだ自由主義が力をもっていたが、その自由にも、統一ドイツに対して地方の諸州がその自由を主張するという調子がまつわりついている。ザクセンの指導者は、ドイツの奴隷たらんより自由ザクセンをとるといった調子であって、これに対して統一を主張するものは、まず統一と強さが必要で、自由はこれに従って生れるであろうというのであった。そういうわけで、いずれにしても自由は一つの共同体の殻の中におさまっている。この統一と自由の争いを一身に具現したものがトライチケであって、その若い時代には自由主義者として登場し、そして後半生には強い国家主義者として活動したが、それでも彼独得の自由主義を完全に捨てきってはいなかった。ということは、いわば国家主義者が同時にもっていることのできるような、そういう自由主義というわけであった。

「窓のないモナーデ」

そうしたわけで、この自由主義は、フランス革命の個人的な「平等」と並ぶ「自由」という考えとは、大ぶ違っている。それは具体的にいうと、自由なる貴族の指導力を考えた自由であり、地方的な自治政府のもつ自由であった。それがトライチケの自由であった。それにもかかわらず、その考えをプロシャのヘゲモニーのもとでドイツ統合によって実現しようと意図したのであるから、彼は、南方ドイツがその自由を楯《たて》にして統一ドイツに抗しようとした小ドイツ主義を叩《たた》いたのである。これは矛盾のようであるが、そこにドイツ人の「自由」がのぞいているのである。彼はだんだんと語調を強めてドイツ統一による「自由」を説き出してくる。そしてドイツの分散主義こそ自由と富と文化に貢献するという議論を押えて、ただ国民的統一のみが、その進歩を保証することができるということを、論証しようと努める。

そのトライチケの考えの底にあったものは、ドイツ国民には力がないという不満であり、またドイツは他の国の尊敬を受けていないという鬱勃《うつぼつ》たる不平であった。分散主義者も、実はその点においてはあまり変りはなかったのである。分散主義者が小ドイツの形で行おうとする自由を、トライチケは大ドイツの形式で求めようとするのに過ぎないし、その意味では、主張されている自由は、何《いず》れも外に向っての自由である。「ドイツたることの自由」は、ザクセンたることの自由と、考え方の筋では選ぶところはない。それをやさしく言いかえると、ドイツ人が他の国から尊敬されるということに過ぎないのである。ドイツ人の自由が、国の外へ向っての自由であるということは、トーマス・マンも言っているが、それは固いドイッチェ・オードヌングの殻の中で個人個人が自由を保っているということと矛盾はしない。

フランス人の自由は、個々の個人の自由であって、多数の同じような主体的な世界が外にもあって同じように自由を叫んでいるわけであるが、ドイツの個人は、これとは違って、皮肉なカイザーリングが言うようにライプニッツのいわゆる「窓のないモナーデ」である。このモナーデは、勢いよく自由を求める窓をもたない。それはグループの自由ではあっても、個人が感性的に享受し要求するフランス人の自由とは違うのである。

顧問夫人！

この違いは、階級闘争の姿においても、革命のやり方のなかにも、出ているようである。

フランス人の場合は、イデオロギーがイデオロギーとして主体から離れてしまわずに、どこか感性的なものを通して主体につながっているのであるから、革命にも階級闘争にも、イデーばかりの闘争にはならないので、何としても主体としての人間が躍り出てくる。ドイツと同じように、イギリスとの比較では観念が支配的な地位にはあっても、その観念とともに大衆が動き出してきて、血を見るまでの動きになりがちなのが、少くとも過去のフランスであった。一七八九年の大革命、一八三〇年の七月革命、一八四八年の二月革命、六月暴動、一八七一年のパリ・コンミューン、などがそれを語っている。これに反して、ドイツの階級闘争は理論闘争である。そしてドイツの革命は真似《まね》ごとであり、型だけだといわれている。

一九一七年の革命のとき、哲学者カイザーリングは、所用あってベルリンのとある家を訪ねた。ドイツのアパートには、たいがい一階とか地下室に、家の番人でもあり小使でもある一家が住んでいる。この番人をポルティエと呼ぶ。ポルティエはアパートのなかの家族や住人のことは大抵心得ている。日本人だったらポルティエのおかみさんと呼ぶところだが、ドイツにはおかみさんというような卑下した呼び方はないので、哲学者は家の前に立って呼んだ。――

「ポルティエの奥さんはいませんか！」

地下室から答があって、

「顧問夫人はただいま不在です」

哲学者は首をかしげた――

「顧問夫人だと？　はて、顧問夫人？」

聞いてみると、なるほど彼女の亭主たるポルティエは、この革命で、おそらくはその区域の小さい集まりの、労働者兵士会の顧問役というのになっていた。枢密顧問にも通ずるその「顧問」！　という響きの中に、「この愚直なる家族にとっては革命の一切の深い意義があったのだ」と、哲学者はこの愛すべき体験に註釈《ちゅうしゃく》を加えて語っている。「革命」というドイツ人の頭の中の大きなイデーが、いかに個人を愚弄《ぐろう》しているかを、哲学者は言いたかったのである。

色のない現実

イデーが大きくなればなるほど、その下に立つドイツ大衆の無力が目立ってくる。思想が個人を木偶《でく》の坊のように振り廻すのである。それは、イデーを振り廻さないイギリスの個人個人の強さとよい対照になる。後者は、思想の責任において動いているのではなく、自分の責任において思想を扱っている。そこでイギリスでは、個人個人がどこまでも一人立ちしている形で、特別えらい考えをもっているわけでもあるまいが、それ相応のところで各人が自分らしく振舞っている。一つのえらい思想や一人のえらい人間に、無理に引ずられてゆく気にはならない。煎《せん》じつめれば一人一党であろうが、各人が互にそう違った考えでもないというところから、国民全体として基調が一つになり、頭の中の相異でなく生活という実際の相異から、それが大まかに二つの派に分れているに過ぎない。

ところがドイツでは、まず頭の中にあるものの相異で分れる。現在（一九四九年）、西ドイツには十七の政党がある。それがすべて「世界観の相異」によって分れている、と最近の『ドイツ年鑑』が、別に不思議とも可笑《おか》しいとも思わずに書いている。そこにドイツがある。少し極端な言い方をすると、いま十七個のイデーがドイツにある。そこで十七種の世界観を異にしたドイツ人があるということになる。人間はあまり争わないが、この十七のイデーはやがて、一つの真理、一つのイデーを目指して、互に競うことにちがいない。そしてかならずや支配的な大きなイデーが、そこに残るであろう。

十七種のドイツ人が、そのうちにまた一種に近いものになって来るということは考えられないことではないのである。イデーが大きくならねばドイツ人は安心ができないが、イデーが大きくなれば個性はそれだけなくなって、大衆はそれだけ無力になってゆく。

いろいろの個性的な色彩をもったフランスの思想とは違って、論理の一色で書いたドイツの思想は、ちょうど、ドイツ人の描いた画と同じように、色彩のニュアンスにとぼしい。極端にいうなら、ドイツ人の考え方は、いわば写真のような精密さで、明暗だけの細かい緻密《ちみつ》な諧調《かいちょう》の変化で現実を捉《とら》えようとするのであるが、そこには、薄明の世界の美しさはあっても、ゆたかな色彩のよろこびはない。いや、眼の世界は、ドイツ人からはそもそも遠いのであろう。数々のすぐれた巨匠を生んだ音楽こそ、ドイツ人の世界であることは確かだ。しかし、この無限の彼方《かなた》へと駆けり、底のない深さをあゆむことのできる音楽の世界も、眼をつぶって見た世界の美しさであって、やはり色は出てこない。

色のない現実！　それがドイツ人の世界であろう。

フランス

戦後のフランス

ドイツにくらべれば、戦後のフランスは、外からのいろいろな制約がないだけに、その持前の癖はかなり率直に出てきている。ことに戦時中はフランスという国土がドイツに押えられていただけに、それに対する反撥《はんぱつ》も手伝って、いわば自由奔放な動きのなかに、よくその生地が出ているわけである。

それは戦後の政治の実際のなかに、またこれをめぐる思想の動きのなかに出ているし、その意味でフランスは、最初に述べたイギリスの戦後と比較して、一ばんいちじるしいコントラストを示している。そのフランスは、何ほどかの程度で、イタリーやベルギー、オランダなどの、大陸における西ヨーロッパ諸国を代表しているようなところがある。

そこでまず、戦後のフランス国民が、今日までどういうリズムを描いてきたかを、政治の面から眺めてみよう。

右へ左へ

フランスの戦後の政治は、多少の無理を辛抱すると、フランス大革命の時代と比較してみることができそうである。それはちょうど、フランス大革命が、ミラボーやラ・ファイエットが活躍したブルジョア層を主体とする運動から、その中心がダントン、ロベスピエールのジャコバンに移行し、それが忽《たちま》ちにして恐怖時代に突入すると、まもなくロベスピエールの失脚とともに急転直下して指揮官政治となり、やがてナポレオンの帝政が実現したような激動の状態にも似ていて、歴史の段階も意味もむろんひどく違ってはいるが、いまのフランスも左右への激動を経験しつつある。

さすがに百五十年の開きはあって、今度は、バスチーユの爆発はなかったわけであるが、一個の革命的な時代を経過しつつあるということは言えないことはない。いまのところいわば不爆発に終ってはいるけれども、経済的、社会的な面での地《じ》辷《すべ》りはかなりに進行して来たわけであって、しかもその変化のなかで、一たんぐっと左へ片寄り、そしてまた右へと動いてゆく国民の大幅の震動は、ほぼ同じであり、ただこんどは、人間の激情が露骨に出たという点では、さすがに昔のようなことはない。

型のような比較はむろんできないわけであるが、仮りに、バスチーユの蜂起《ほうき》までを、こんどの場合にはレジスタンス（対独抵抗運動）が戦争の最後の段階で大いに勢いづき、パリのドイツ軍を追いまくり、さらに北フランスの野に追撃したところに当てて見ることができようし、その後、このレジスタンスが新しいフランスの政治の基調をつくり、第三共和国の旧《ふる》い空気を一掃して、社会主義という新しい気分のなかで、右はドゥ・ゴール将軍の息のかかった人民共和党（M・R・P）から、左は社会党、共産党にいたるまでの連立内閣を構成した解放直後（一九四四年の秋）を、大革命のときの人権宣言発布の頃となぞらえると、一九四七年の五月に共産党が連立内閣を脱出して野に下り、漸次に争議戦術を展開して、その年十一月の末に盛り上ったゼネスト情勢で、左翼の勢いその絶頂に達するかの感を抱かした頃は、ロベスピエールのジャコバン党が覇権を握った頃に比較することもできよう。

このフランスの動きに対する、戦後のイギリスは、ちょうどフランス革命に対してエドマンド・バークが真向から反対して『フランス革命の省察』を書いた当時に似ているし、少くともルソーに対するバークの地位が、いまのフランス共産党を対岸に眺めている労働党のイギリスだという連想が浮ぶのであって、現在のイギリス人は、おしなべていまのフランスの革命的状態に対して、驚きと憂いをもって『省察』を加えているように思われる。

情熱の坩堝

こういったフランスの戦後の情熱の基調をもたらしたものは、何といっても戦時中における占領ドイツ軍に対するフランス人の反抗運動で、そこから生れ出た活潑《かっぱつ》な行動的な気分が、一面にはナチの国家主義乃至《ないし》はファシズムに対抗する社会主義の思想を昂揚《こうよう》し、他面においては、文字通り百年の仇敵《きゅうてき》ドイツというものに対抗するフランスの国民主義《ナショナリズム》を新たに呼びもどし、いずれも戦前において十分の基礎をもっていたものに情熱の火を点じたのであるが、この二つの両極をもった一連の思想が、解放当初においてはレジスタンスという共通の情熱の坩堝《るつぼ》のなかでまったく熔解《ようかい》していた。

それが、さっきもいう通り、解放の一九四四年秋から一九四七年春までの三カ年にまたがる左右の連立政権を可能にしてきたわけであった。ことに、レジスタンス（抵抗運動者）の権勢は、戦後のフランスでは並びなきものであって、戦時中に抵抗運動をやったかやらなかったかが、戦後における人間のメリットを決めることになったし、胸につけたレジスタンスの小さな略章は戦時中における金鵄《きんし》勲章の地位をまったく奪っていた。ドイツと協力したヴィシー派を追放した後の、新規蒔《ま》き直しのフランス政府であるから、高位高官につくものは勢いレジスタンスの人々のほかはないわけでもあった。中学校に歴史の教鞭《きょうべん》をとっていたビドー氏のごときも、レジスタンスの功績をもってたちまち外相の地位にのぼった。政党にしても、レジスタンスに功績あった政党が指導権を握るのは当然な空気で、その点では人民共和党の人々も、共産党のレジスタンスにおける功績は没すべからずとして率直に認めたし、したがって共産党の戦後における進出は当時としてはまったく自然で、無理がなかったのであるが、それもまた戦時中のフランスに反抗運動というものがなかったら考えられないことでもあった。

さめゆく昂奮

しかし、レジスタンスの昂奮もそう永くはつづかない。論功行賞も一応終ってしまえば、それが峠で、レジスタンスの権勢にあやかろうとする恐喝や物取りのたぐいの疑似レジスタンスもだんだん影をひそめてくる。レジスタンスの功績のゆえに共産党のイニシアチーヴにまかせていた連立政権の方も、新憲法の案を練る頃から、左右の見解の相違は次第に露出してくるし、進んで政府が具体的な政策に直面してくると、賃銀物価問題についても、植民地問題についても、その開きはますます大きくなってくる。そうした内部の不一致が、問題重畳のインフレ下において、その政策に力を欠かしめることになるのは当然で、連立政権は二カ年を出《い》でずしてほとんど耐えがたいほどの不評判を買うようになった。

左右への分裂

一九四七年の正月にレオン・ブルムの変態的な社会党単独内閣が出現したのは、この連立政権の不評判が絶頂に達し、その不評判が、ほんの一時にしろ、この少数派の単独内閣を可能にしたのであって、いわば国民の不満に対する政局切換えの幕間《まくあい》劇であった。しかし、それも束の間で、二月に出来た社会党のラマディエを首相とする再建連立内閣は、四月にはルノー工場のストライキにぶち当り、同時に共産党がこのストライキへの支持を声明したことをキッカケとして、内閣は大いに動揺した。共産党のストライキ支持は、内閣としては厭々《いやいや》ながら抱いていた爆弾がついに破裂したも同然であった。共産党閣僚は、ストライキ支持を宣言することによって、内閣の中合せたる賃銀物価政策を破ったのであるから、当然みずから内閣をおん出るべきはずであったが、その狙うところは社会党を道連れとすることによって、内閣を内側から爆破することにあった。が、そう都合よくばかり問屋は卸さない。これは結果において、遂に戦後の共産党と社会党とが完全に袖《そで》を分つ機縁をつくることにしかならなかった。内閣の申合せに対する共産党の違反という事実が、社会党に内閣居据りの大義名分を与えたのである。社会党首相ラマディエの頑張りもきいたし、元老レオン・ブルムの発言も物をいったが、何といっても大勢を支配する空気が動いていた。共産党はひとり内閣を脱出し、解放以来の連立形式はここに最後を告げた。これは戦後のフランス政治に大きな段落を劃《かく》するものであった。

擡頭する国民主義

そして、共産党が野に下るのと前後して、前面に押し出して来たドゥ・ゴールの運動が次第に瀰漫《びまん》しだしたことは周知の通りで、それは共産党が内閣を出て、ストライキ戦術をもって急速に反政府的な調子を高めてゆき、社会不安が刻々に高まるのに比例して、地下水が浸みこむように市民層に伸びてゆくのであった。

この年の秋の地方選挙の初陣で一挙に四〇パーセントの投票数を獲得したドゥ・ゴール派は、それから一年経った一九四八年の秋の参議院選挙では、四三パーセントを獲得して参議院における第一党となり、共産党の議席はここにはじめて著減し、八十四席をもった第一党から急転してわずか十六席をつなぎとめるに過ぎなかった。この数は、投票数をそのまま反映してはいないが、それでも共産党の獲得した投票数は一時の三〇パーセントになんなんとした勢いから、二〇パーセント近くへと落ちている。この変化のテンポはともかくも急である。

その前年（一九四七年）の三月、ドゥ・ゴール将軍が二度目の政界入りを宣言し、フランス人民同盟の旗をかかげてパリに事務所開きをした頃は、ドゥ・ゴールの人気は実際微々たるものであった。フランスを政治と経済の混乱から救うと称して立上ったドゥ・ゴールを見た国民の当初の気持としては、フランス現在の混乱はほかならぬドゥ・ゴールその人の責任ではなかったかというわけで、ずいぶん冷たいものであった。それは反ドゥ・ゴール派ばかりの気分ではなかった。それが、半ヵ年を出でずして四〇パーセントの投票を獲得し、さらにその後のドゥ・ゴールに対する国民大半の支持に変ってきたのである。

これを要するに、レジスタンスという昂奮の坩堝の中では一つに融合していた「社会主義」と「国民主義」とが、ふたたび截然《せつぜん》と分裂をはじめ、それがやがてまったく敵対するものとして対立し、そしてその中間にも細かな理論的相違が、それぞれ自己を積極的に主張しだしたのである。このはげしい対立は、相手を倒すまではどこまでもつづくといった鋭い調子を帯びている。

動と反動

それは前にもいったように、フランス大革命のなかを流れていた動反動の波の歴史に似ているが、そこではもっと鋭く、もっと激しく、人間の激情としてあらわれていた。しかしこの動反動の繰り返しは、いうまでもなく、敢《あ》えて大革命の時代だけにかぎらない。その後のフランスの歴史には、形を変えながら、やはり同じリズムであらわれている。

ナポレオン没落後の一世紀の間に、フランスの政体は、五回に亙《わた》って、根本的なそして激しい変化を経験している。それは息つく間もない革命と反革命の執拗《しつよう》な繰り返しであった。まず、ボナパルトの没落とともに、大革命イデオロギーに対する反動としてブルボン王朝の復辟《ふくへき》が見られる。それから十五年を経た一八三〇年の七月革命は、大革命の思想をもう一度盛り返してみる仕事であった。しかしこの七月革命で「民主的」を標榜《ひょうぼう》したルイ・フィリップの政権は、その「中庸」という看板のゆえに、独自のフランスの政体であることはできなかった。それは革命と独裁に懲りて、イギリスの立憲君主制を模倣してみたものであったが、本人自身がイギリスの伝統にあやかり得なかったばかりでなく、正統王権派と革命派という対立を伝統としたフランスの中では、どちらからも悪く見られる。やがて、極右の王党と、新たに擡頭《たいとう》しだしたいわゆる空想的社会主義者を前衛とする左翼勢力との挟撃の中に、不評はだんだん嵩《こう》じ、十八年の後に二月革命（一八四八年）に直面する。この革命と騒擾《そうじょう》と流血のなかにいわゆる「第二共和国」が成立するわけであるが、この共和国時代の大統領ルイ・ナポレオンは、就任三年の後には自らクーデターを行い、翌年にはこの共和制を覆えしてナポレオン三世として王冠を要求する。その帝政二十年、普仏戦争が起り、このナポレオン三世がセダンに城下の誓をして、やっと「第三共和国」として共和主義が息を吹きかえすが、それはむろん敗戦の力に負うものであった。

この第三共和国が、こんどの第二次大戦前までつづいたのであるが、それはともかく、十九世紀を通して、フランスは革命と王政復古の繰り返しであって、革命はいつも際どいところまできて覆えされている。そしてこれらの事件の合間合間には、これまた激烈な国内闘争があって、それが政府を不安定にし、政体が固まるのを不断に妨げてきている。

戦後の「第四共和国」の過去六年間の動きも、その歴史的な近似性は、フランス革命よりも、ちょうど百年を距《へだ》てるにすぎない二月革命後の「第二共和国」のいきさつに近いといった方がよいかも知れない。当時も、革命は、ブルジョア自由主義者と社会主義者との合作で進み、やがて過激な調子を加えてきた左派をブルジョア派が押え、ルイ・ブランの国立工場は不評判に終り、そして三年の後には、もうこの革命の目標とは正反対なルイ・ナポレオンによって、漁夫の利を占められてしまうという経緯は、こんどの戦後、共産党がはじめ大いにリードし、やがて社会党ともブルジョア党とも次第に疎隔してゆき、産業国営化も用意不足のなかの早急広汎《こうはん》な実施で成績は挙らず、そのうちに、ブルジョア政党すら疑惑の目をもって見ているドゥ・ゴールに政権がさらわれそうになって来たという経過に、かなりの程度まで対応するものがある。

対立の世界

そういった様相を通じて見られるものは、フランスにおける特殊な「対立」の世界である。この対立は、種々の形にあらわれているが、第一にはフランスの数世紀を特徴づけている国内紛争の異常さに出ている。その主要な根拠が、フランス貴族の階級的な心理にあったとはよく言われるところである。簡単にいえば、自分たちは他の階級よりもよい生れだということが主張し通されている。自分たちはフランス人を征服した者の子孫であるという考えは、十八世紀以後においても、貴族の代弁者たちがいつも弁護しようとしていることであり、それがいつも市民側の抗議をまき起している。大革命もその抗議の一つであった。フランス国民は、がんらい一つの民族か、それとも征服者と被征服者との二つの民族からなるか、ということが歴史家や著作家のあいだに永い間論議の対象となってきているのも、他の国にはあまり見られない特異なものである。この階級的な敵視が、フランスの一切の対立の根源であるかどうかは、簡単にはいえまい。しかし、階級的闘争がフランスの歴史を濃く彩っていることは事実である。

歴史家の解釈は様々である。近代フランスの起源を探求した有名な歴史家テイヌはよく引用されている。彼によると、一切のフランスの不幸の原因は階級的精神、特にその特別の形態であるジャコバン主義の精神であるという。ジャコバン主義は大革命当時の左翼から出ている伝統で、それはつねにそれに対立するものを予想する。サイペルという歴史家は、フランスの歴史上の大事件のなかにつねに、二つの型を見出《みいだ》すといっている。それは彼によると、官憲（独裁）主義的精神と革命的精神とであって、双方とも互に相手の主張を容《い》れず、独断的で反自由的であるといっている。

対立はしかし、色々の面にあらわれている。一方では教会の味方か敵かという対立が、政治的闘争の歴史を一貫している。それはルソーの思想からロベスピエールの実践に至るまで、型の如く出ているわけで、十九世紀になってすら、宗教を学校から引離すかどうかという問題が、急進党と穏和派の論争の最大問題の一つであった。それは、カトリック教とジャコバン主義という二つの信条の、非妥協的な闘争という形をとっている。

この非妥協的な信条の対立がフランス革命を生み出したのか、フランス革命がその後におけるこういった対立を激成したのか、それは鶏が卵を生むのか卵から鶏が生れるのかという設問に似た話であるが、やかましい議論のあるフランス革命の解釈にまたねばならぬことであろう。あるイギリスのフランス研究家（セイ・ボドレイ）は、フランス革命に大きな責任を負わせている。彼は、「フランス国民は、その時から、すべての政治的論争を、民族としてのあらゆる繋《つな》がりを無視して、どんな兇器《きょうき》を使ってもかまわぬというような、和解の出来ぬ人々の間の命懸けの闘争だと看做《みな》す癖がつき、この癖が、今日まで決してなくなっていない」というのであるが、そこまで決定的に考えないまでも、「フランス人が、ヨリ野蛮な、ヨリ絶間なき、ヨリ不公平な憎悪を示したのは、他民族に対してよりもフランス人自身に対してであった」と言っていることには、半ばの真実があると見てよいように思われる。

潔癖に、一元的に

しかし、この鋭い対立の伝統は、ただ感情的なもの乃至は感性的なものばかりから来るのではないようである。何ものをも割り切ってしまわねばおさまらぬような、フランス人独得の考え方が、少くともこれに交叉《こうさ》していると見るのが至当であるように思われる。

大革命そのものが多分にルソーの合理主義に出発していることは周知の通りである。今を去る百五十年前の出来事としては、学説というか思想というか、そういったものに支配されて大きく動きだしたことは、かなり異常というべきで、単なる利害から自然発生的に展開したというよりは、そこには多分に知的な要素があり、それがフランス人一流の激情を伴ってあらわれたのである。どこまでも自分の考えに従って、潔癖に、一元的に、そして勝手に、進んでゆくようなところがある。頭の方に重みが来るから、勢い実際の利害関係とはどこか離れたところが出てくるのである。

フランスの議会の議員には十九世紀以来、知識的な自由職業的な分子が多く、法律家や、ジャーナリスト、前官吏などが特に多い。それに対して、イギリスでは、大多数の代議士が農業や工業や商業方面から出ているのが顕著な対照をなしている。そのことは、フランスでは国民の直接な利害とは幾分とも離れた知識的な分子が、政治を動かしているのに対して、イギリスでは、直接に利害を代表する人々が政治に参与している、という関係を示すものと言えるし、またそれは二つの国の政党の性格をよく示している。

議会と政党

イギリスの政党を見ると、例えばかつてのトーリイ党が王権を代弁したに対してホイッグが貴族の権利を主張し、そのトーリイが保守党へと脱皮する十九世紀の初め頃には、その時代の遷《うつ》り変る経済事情を反映して大地主の利益の側に立つことになり、ホイッグから出てきた自由党が商工階級の利害を代表することになって、進んで今世紀の始めに至って自由党から労働党が分岐し出すと、その労働党が労働者階級を直接の地盤とし、保守党が資本家の立場を代表するというように、ハッキリ現実の「利害」の上に立っているのに対して、フランスの政党には、この関係はそれほどまでにはハッキリ出ていない。

フランスでは議会の歴史がイギリスと違ってもおり、それが地方議会から国の議会として確立したのも、イギリスよりははるかに遅れているが、その内容もまた違う。十九世紀もなかばを過ぎた一八七一年に、こんどの戦争直前までの体制であるいわゆる第三共和国が建設されたときですら、政党は大体に王党派と共和派という名前で大別された通りに、まったく「政体」に関するフランス伝統のイデオロギーが、政党の名に表示されていた。その王党派も、当時はナポレオン党、ブルボン王朝支持者、オルレアン家から国王を迎えようとする一派、というふうに分れていた。共和主義者もまた数党派に分れていた。それは当時のイギリスで、政党は保守と自由に判然と分れて、経済的利害の相異は主張するが、政体を問題外としたのとは大きな違いである。

またフランスでは、大部分の政争が二十世紀に入ってまで、教会の擁護者とその反対者との間で激しく行われたということも、イギリスの同時代には殆《ほと》んどないことであった。

思想と利害

何《いず》れにしても、フランスでは、代表さるべき経済的な利害と政党との間にはいつも開きが大きい。イギリス労働党は、労働組合が作った政党だといえるが、フランスの社会党や共産党は労働組合が作ったのではない。労働組合は時に政党を支持するが、時に労働組合自身の動きを展開して、自分の利害は自分で直接に守ろうとする。政党はここではどこか上から降りてきたような形で、民衆からは多少とも浮いたようなあとがないでもない。少くともその間には、多少の間隙《かんげき》がある。それはフランスの政党が、どこか思想的であり、観念的なところがあることを示している。

そこから政党の分裂、小党分立の傾向も出てくる。国民の利害に密着している場合には、政党はその利害を代表するかぎり大きな対立だけを作ることになるであろうが、それから離れて、政党が思想的に動き、思想を立場とするということになると、思想のあるかぎり限りなく小さく分化することになろう。そして、利害という現実を離れて思想だけが独立してくることになり、しかもその思想が合理的に割り切られたものであり、一元的であることを尊ぶかぎりは、いくつもの思想が、妥協の余地なく分立し対抗することになろう。

論理的と直観的

それに、ドイツのように思想そのものが「論理」を骨組として展開されていて、論理的であることが思想の重点になっている場合には、思想の発展がなんとしても系統的な形をとるし、論争のうちにどこかに帰一することも可能であるが、フランスの思想はドイツのそれと違って、直観的な、天啓的な調子が強い。いわばそれぞれの思想家が独自的であるという意味で、独断的である。詩的ではあっても、散文的ではない。一つの思想と他の思想との間には、比較的つながりが少く、いわばそれぞれが勝手な方向をむいている。それが一方においてフランス思想の色とりどりの、絢爛《けんらん》たるあやを織り出していると言ってよい。

どれもこれも一様には流れていない。十九世紀の社会主義思想家だけでも、プルードン、ルイ・ブランキ、サン・シモン、ソレル、それぞれ勝手な方向をむいている。それに対して、やや後になるが、同じ国家主義のバレースやモラスもまた別々の立場に立っていた。ルソーは、色々の思想家から憎まれたり好かれたりしているし、フランス革命のフランスにおける評価そのものが実にまちまちである。フランスの共和制は多くの場合左右から攻撃され、議会とデモクラシーは左右の知識階級から混乱と腐敗の根源のように言われてきている。一体全体何がフランスの伝統であるか、ということが、フランス自身のなかでつねに探求の題目になってきたが、そこにも議論の落着を見かねているような始末である。

むしろこういうふうに、いろいろの個性的な閃《ひらめ》きをもった思想が、論理的に精緻《せいち》というよりは犀利《さいり》な直観力をもつ思想が、相互に競り合い、自己を主張しているというのが、その伝統と言おうか、特徴と言おうか、性格的であるように見える。その点で、ドイツの思想が論理的かつ系統的であるために大きな系譜図をもち、勢いそのなかの大きな思想がそのほかのものを圧倒して拡がるような傾向をもつのとは違って、ここでは一つの思想だけが圧倒的であることを許さず、どこまでも競り合いをつづけ、非妥協的である。

それはまたイギリスとも違う。イギリスではカーライルやカルリッジその他の異色のある思想はあっても、それは異色あるがゆえにイギリス人の一般的な思想に対してはただ参考になっているにとどまって、一向に大きく影響してはいない。イギリス国民がいろいろの思想をバランスしたような落着きのある考えで澄ました顔をしているのと、特異な思想で動き出してくるフランス人とは、大きな違いがある。

対決の場所

これは、フランスでは、議会中心のデモクラシーがなかなかうまく運行しにくい、ということの一つの理由でもあろう。

もちろん、十九世紀と今日とが同じであるなどとはいえない。十九世紀のフランス国民の好戦的な調子が、今日は平和的になってきているように、民主主義の進展は著しいことを認めねばならないが、それにしても、議会が国民の利害を調節し、「話し合い」によって事を決する場所とはならないで、異った思想、違った節操、相反する立場を対決させる「雄弁」の壇上であることは、あまり変ってはおるまい。そこに、前世紀の末に始まるジョルジュ・ソレルのような、真向から議会を否定し、妥協を侮《ぶ》蔑《べっ》する徹底した反議会的な考えが展開し、それが相当の影響をもつだけの地盤もある。労働組合がゼネストを宣言し、全経済生活を麻痺《まひ》させることによって一挙に権力に迫るというサンジカリズムの考えは、今日においても、どこか底深いところでフランス労働組合の行動を支配しているように見える。その組合と政党との間にはまた開きがあるが、いずれにしてもこういった雰囲気のなかでは、議会が国民の利害の調節をはかるにはなかなか骨が折れるわけである。その辺に、個人的な叡智《えいち》のすばらしさにもかかわらず、近代フランスに内在する悲劇的な頽勢《たいせい》がうかがわれるのである。

内政と外交

フランスは、国際的にはいつでも敵に取りまかれた形で、油断のできぬ、むつかしい環境に置かれてきた国である。またその国民はすこぶる愛国的である。それにも拘《かか》わらず、内部抗争がその国という枠を忘れさせて、大革命当時と同じように、まずい国際的地位にすべり込むようなことが決して稀《ま》れではなかった。

大革命の後に、その革命の惰性が、革命を遂行した人々の手で外戦に伸ばされていったことについては、ジャン・ジョーレスがその大革命史のなかで激怒している通りであるが、それが後のフランスの地位を結局において困難に陥れている。もっともフランスが嘗《な》めてきた困難は、大体普仏戦争ころまでは、フランス自身の好戦的な国家主義に帰せられよう。平和的な主張は、つねに「国家の威信」の前に負けているのである。普仏戦争の挑戦者はいうまでもなくビスマークであったが、フランス人の国家的虚栄心と昂奮性が相当に戦争勃発《ぼっぱつ》に寄与していることは見逃せまい。それを避けるのに十分の努力をもしないで軽率に宣戦したのはナポレオン三世であった。ビスマークは、フランス国家主義という牡牛《おうし》の前に、赤いボロ布をぶら下げて昂奮させ、まんまとワナに首を突込ませたのだ、と歴史家は書いている。普仏戦争以後は、ようやく拡がってきた社会主義、国際主義、デモクラシー精神といった思潮につながる平和主義の空気が、十九世紀を通じて昂《たか》ぶっていたフランスの軍国主義を押える役割を演じて来たが、そうなるとフランスは、こんどはドイツの軍国主義の興隆のために受け身となって、被害者の立場に立つようになる。それでも、国民の間の不和は、ずっと引続いている。

こんどの戦後を見ても、その内部対立が、フランスの外交をしてソ連と米国との間に動揺をさせてきたし、同じく植民地を手放すにしても、国内の内部対立からイギリスのように鮮かには行かず、結局はおそろしく無駄の多い廻り道をさせられているようであるし、最近のアルザスに対する要求がドイツの大反撥を受けている様子などを見ても、戦後いち早くやっておけば問題の少かったものが、内政の動揺にさまたげられて、いまや証文の出しおくれとなったようなところが見られる。こんどの戦争でドイツから蒙《こうむ》った惨害からするなら、当然の要求と見られるものを、フランスは獲得していないように思われる。

左右という観念

　そこで、フランスの不幸は、第一には、フランスの政治がいわば知識的、頭脳的に傾き、割り切った合理主義的な傾向の強いことにあるといってよい。第二には、その合理主義的な傾向が、ドイツのように普遍的な論理の手綱を頼りに行こうというのではなく、個人個人の強い知性と感性をたよりに天啓的な調子をもっているところから、いくつもの主張と節操が互に譲らず争うというところにある。そして第三には、こういった合理主義に支配されている政治と、一般の民衆とは、必ずしも密着していないで、政治がどこか国民から遊離しているということであろう。

　そういった点を、もう少し事実について跡を追ってみよう。

　第一に、フランス政治の合理主義は、昔からのジャコバン主義に顔を出しているわけであるが、当今ではフランス人独得の「左翼」という考えによく出ている。周知の通り、フランス人はよく「左翼」という言葉をもてあそぶ。左翼が好きでもあり、政治の常道として「左翼に敵をもつな」という合言葉をもっている。社会党はつい二、三年前まで、「右翼とは共に政治せず」と言いながら、共産党に引ずられてきた。どこの国でも、新しい政党というものは、大体に舞台の左から登場してきて右の方へ歩いていっているが、それがフランスのようにハッキリと感じさせられるところはない。走馬燈のように、フランスの政党は、右へ右へと廻り、新たに左から登場してくるものに席をゆずってゆく。

急進党の指導者であるエリオは、いま議会の真ん中よりは少しばかり右寄りの席に老いた姿を見せているが、この大政治家はその永い一生を左の端近いところからだんだん押されて、ここまで来たのであろう。それは半世紀の間のフランスの政界の歴史を語っている。この順序を追った動きは、つねに新しく左から登場してくる合理主義の政党には太刀打ちができないという考え方を示している。議席は中央よりも右寄りに占めていながら、依然として「左翼」の名を冠する一群の政党が、フランスにはある。共和主義の敵などはもうフランス中何処にもいないのに、共和主義を政党の名に冠して、敵を追駆けているような右翼政党もある。年はとっても、気は若いというのか、そこに、停滞している人も前進を夢み、進歩を思いとどまった政党も左翼であるという意識の倒錯が、フランスの政党にこびりついている。この左翼といい右翼という観念は、イギリスの政党には全く当てはまらない。フランスでこの観念が支配しているのは、政治が現実の利害の観点から一応離れているからであろう。

政党に幾分ともそういう観念的傾向があるとすれば、政党はそれが利害を代表している地盤とはどうしても離れがちになるし、それ自体の動きが多くなる。それがフランスに小党分裂の傾向を生む一つの理由でもあることは前にも言った通りである。フランスの政党がもう少し国民各層の利害に密着していたら、第一次大戦からこんどの戦争までの間には、もう少し勤労階級を代表する党が伸びていてもよかったはずである。ところが、この比較的静かな時代には、社会主義政党は社会党と共産党とに分裂し、人民戦線ができるまでは大きな力をもつことができず、そのために急進党と穏和派とのブルジョア政党の交代政治が悠々と行われて来た。この静かな時代には、理論的な対立と抗争は、主として社会党と共産党が引受けていたようなものであった。

違った平面

戦後のフランスは、前に話した通り戦争中の条件にも基いて、波は高く、荒れ模様である。はじめ仲よく連立政権をつくっていた三つの大政党が、五年後のいまは三つ巴《どもえ》で争うという有様で、カトリチズムのM・R・Pは、その中味をドゥ・ゴールに食われていわば脱皮しつつあるが、それが共産党とはげしく対立するのは、むろん階級的な基盤によるのではあるが、その対立の鋭さは、階級的地盤を丸出しにしているイギリスの保守党と労働党との比ではない。一つの皮肉である。その抗争のはげしさは、やはりいずれもその考え方がハッキリ割り切れるというところに一つの根があるのであろう。やはり極端な合理主義であり、教理主義である。いろいろの考え方や経験やを混ぜ合せて、そこから一つの政党のあり方をつくるという行き方をとるならば、双方に共通する考え方も出てくるわけであろうが、自分だけできれいに割り切っているのであるから、双方が剃刀《かみそり》の刃のようにするどく対立する。

例えば共産主義とカトリチズムとは、いずれも、一つの理論体系の上に立ち、しかもその立つ平面は、各々まったく違うのであるから、二つの平面は一致するところがなく、どこかで交叉するわけで、その交叉はすなわち衝突を意味することになる。そして衝突をする場合には妥協の余地というものが出てこない。というのは、それぞれ一応の筋を通した考え方の体系であるから、ある一点で妥協するということは結局自分の理論体系が破壊されることになるし、自分の立っている平面が壊れることになる。自分の立場をあくまで通して、相手を倒すか、それとも自分が倒れるか、典型的にいうとそれ以外には解決の仕方がない。むろん実際はそこまで極端にはゆかないにしても、話を押しつめていえばそういう姿勢であろう。

折衷困難

フランスで社会党がなかなか振わないということも、このジャン・ジョーレスを指導者として学説的には唯物主義とヒューマニズムとを多分に経験的に融合しているものが、どこか割り切れぬものとして映り、それがイギリス人などには何でもなく取入れられても、フランス人の割り切り主義にはどうも取入れにくいという点にも、一つの理由はあろう。そこに、横あいから共産主義が進出してくる場合には、この社会党的な角のとれた思想でこれを撃破し、人の気持を自分の方に引きつけるということが、なかなかむつかしい。これと真正面から対抗できるのはむしろその立場に全く共通性のないカトリチズムとか、あるいはドゥ・ゴール的な国民主義ということになるのであろうと思われる。

この悩みは、従ってフランス社会党の左翼にとって最も大きく、この左翼はいつも「階級闘争」をやるかやらぬかというような素朴な命題をめぐって、共産党の魅力に引きつけられてきている。それは特に日常闘争でいつも共産党と競り合いを演ぜねばならぬ社会党の地方支部で繰り返される問題でもあった。この悩みは、イギリス労働党の左翼には殆んど感ぜられないことである。

共産党と労働組合

もっともフランス現在の混乱は、ただ共産主義とドゥ・ゴーリズムの衝突だとばかりはいえない。ぴったり行っているはずの共産党と労働組合の間にすら、間一髪の対立がある。

共産党は労働組合、ことにフランス総同盟を動かすことなくしては、その行動を成功的に導いてゆくことはできないのであるが、その労働組合は、全部が共産主義化しているわけではない。それには社会党系のものもあり、別にキリスト教系の組合もあるが、同時に表面にはあまり出ないけれども、本来の労働組合主義という空気が労働組合の底流をなしていて、それは政党の力では必ずしも動こうとしないサンジカリズムの精神をたたえている。ここにもいわば一つの独立の「思想」が蟠踞《ばんきょ》しているのである。共産党は、こうした思想の流れを圧倒して労働組合を完全に手に入れることができるときにのみ、大事をなすことができるのである。

しかし過去の事実は、むしろそれがなかなかむつかしいということを語っている。一九四七年十一月末のゼネストは、事成らんとして遂に破れた。ゼネストは元来サンジカリストの武器であったが、この武器が共産党に握られているようで、実はやはり労働組合自身のものであった、ということが、この十一月の経験であったようにも思われる。労働組合はいま一歩というところで、この武器を共産党に引渡さなかったのである。翻弄《ほんろう》されたのは果して労働組合であったか、それとも共産党であったか、それが分らぬというようなふしがある。

さらに遡《さかのぼ》って、この十一月の決戦まで来た発端に立戻ってみると、その年の四月、共産党の連立内閣脱出を惹起《じゃっき》したもとの事件といえば、その直前に起ったルノー工場のストライキであった。このストライキは明かに共産党の指導で起されたものではなかった。それが起ったとき、まだ副総理の地位にあった共産党首トレーズは、「これは右翼反動か、それともトロツキストの煽動《せんどう》によるものだ」といったことは、甚だ有名である。ところが、数日経っても鎮火せぬこのストライキに引ずられるようにしてストライキ支持声明を出して以来、共産党は、内閣離脱から争議展開による実力行使への一連の行動をつづけざるを得なかったわけで、その結果が、十一月のゼネストとなって一応の幕となったわけであるから、よく考えると、ここにも一つの思想と思想の、ハッキリは意識されない抗争が出ている。共産党は総同盟を獲得しないでは何事もなし得ないが、その総同盟を手に入れたと思った共産党は、気がついてみると意外にもお釈迦《しゃか》さまの掌上でおどっていた孫悟空《そんごくう》のようなところがないではなかった。

組合第一

一つのエピソードに過ぎないが、やはりこの戦後のストライキで騒々しいころ（一九四七年）、有名なフランス共産党の機関紙「ユマニテ」の印刷工がストライキに入ったことがあった。共産党経営の職場でストとは何事ぞ、というわけであったが、組合員はいっかな聞き入れようとはしない。経営者が共産党であろうと何であろうと、我々は労働組合員であって、組合員の利益を守るのだというので大いに頑張った。話に伝えたところでは、工場を占拠したストライカーを引張り出しにかかった経営者側は、腕っ節の強い連中を多数動員してきたところが、組合員は窓からホースで水を浴せて渡り合ったり、有名な主筆カシャンの電話線まで切ってしまったという。

総同盟のかなりの部分が共産党色になったことは事実であるが、それでもフランスの組合主義、言いかえると組合第一主義の伝統は、この共産党の圧倒的な勢力のなかでも容易には参ってしまわなかった。それは、具体的にいうと、選挙などでは共産党に票を投ずるけれども、彼は共産党員である前にまず組合員であり、組合主義者であるというわけである。もちろんそれが全部ではないが、組合のなかでは相当の量を占めていると見られる。言いかえると、労働組合の政治からの独立というフランスの伝統が、圧倒的な政治の時代において、どこかに保たれているのである。

今世紀の初めに、北仏のアミアンに集まった労働組合員が、いわゆるアミアン憲章というものを作った。それは明瞭《めいりょう》に組合の政治からの独立を宣明したものであった。政党が小党分裂を特徴とし、党内にまた諸派のあるフランスのことであるから、組合運動を推進する立場からも、これは必要なことであったろうと思われるが、このアミアン憲章ももう古いことで、いまはもう忘れられているくらいであろうが、しかし最近のように組合の政治化がはげしくなると、却ってどこかにその伝統的な傾向が頭をもたげるような気配が感ぜられる。

左に心臓、右に財布

　ところで、このように、いくつもの思想が出来、いくつもの政党が分立するということは、フランス民衆が意外に保守的で、いわば財布の紐《ひも》はいつも緊《し》めているという気風とは、一向に矛盾しないように思われる。

　民衆は保守的であっても、その民衆と政治とが必ずしも利害によって繋がってはいないとなれば、この矛盾するような様相は平気で起るはずである。近代的な大産業がだんだん増えてはきているが、まだフランスは土地を持った小農や職人や小商人が多い。いわば小市民的な空気に満ちた国である。そこで生地のフランス人は、外国の旅行者などがパリ生活の印象からフランス国民性として摑《つか》むものよりは、はるかに移り気でもなければ、革命的でもないといわれる。家族や財産の観念は強く、政治的には懐疑的であり、個人主義的であるともいわれる。そこで、その選挙民が投票をするのは、必ずしも自分の経済的な利害に密接した政党というものではなさそうである。その点がまたイギリスと違う。

　或《あ》る家族は、先祖代々左翼に投票してきたから、いまでは現在の左翼である共産党に票を入れるというのも、少い例ではないといわれる。あるいは、党や職業の差別を嫌うというところから、勝手に選んだ或る政党に投票するともいう。そんなところから、保守的な小市民的な連中が急進的な政党の地盤ともなり、知的な教養の高い分子が案外に保守的政党を支持する。いずれにしても、選挙民のなかにも、直接の利害を離れた観念的なものが支配しているようであり、それが、原則と理想を魂として、つねに観念的に傾いているフランスの政党政治を維持しているともいえるようだ。

それはまた、政治的な過激主義が社会的な保守主義と結びつくことができるゆえんでもあって、アンドレ・ジーグフリードがいった通り、「フランス人は左に心臓をもち、右に財布をもつ」というわけである。

稔り薄き政治

その辺に、個々のフランス人の面白さがあるわけであろうが、同時にフランスの政治の騒々しさと、その稔《みの》りの薄さとがある。

私は、戦争直後のフランスに再三遊んで、いろいろの人に遭い、つい一、二年前まで敵であった日本人としては、初対面の人からもずいぶん親切な待遇もうけたし、フランス人の一向に物にこだわらぬ闊達《かったつ》さに大変よい印象をもってスイスに帰ってきて、さて何かフランスのことについて、この感謝の気持も込めて書いておこうと筆をとったとき、我れながら意外な思いをしたのは、このひとりびとりとしては面白い人間のいるフランスの政治については、あまりほめることが出来ないということであった。私が詩人や小説家だったら、例えばレジスタンスの物語に自分の気持までフランス人になり切って、美しい情熱のフランスを書くことができたかも知れない。生憎《あいにく》とそれは私にできないことで、私にできることはただ政治や経済の総体について考えるだけのことであったから、私は勢い、フランスの面白くない面を描くめぐり合せになったわけである。これは、イギリスで受けた印象とちょうど逆であった。短い期間の滞在では、イギリス人のあの冷たさは、到底なじめるものではない。そこで、気持の上では一向に温かい印象が残らないにもかかわらず、さて、イギリスの政治や社会について書くということになると、これには相当の讃辞《さんじ》を呈さないわけにはゆかないことになるのである。

フランスでは、何よりも政治的な対立のはげしさが、日常の生活にまでのぞいていて、人は四六時中、それによって悩まされる。フランス人自身は気づいていないかもしれないが、スイスから行ったり、イギリスから来たりするものには、それが恐ろしく目立つのである。役所でも、新聞社でも、あれは共産党だ、あれはドゥ・ゴール派だ、というふうに人をまず色分けして見る。またそれを心得ていないと、うっかりしたことを喋《しゃべ》ってしまったあとでは、取返しがつかない。同じ党派のものならば、紹介状もずいぶん効力を発揮するが、そうでないとなかなか通りが悪い。場合によれば紹介状から却って逆の効果も出てくるという始末である。私がいま交渉しつつあるこの警察の役人は、一体何者であるのか、社会党系のものであるか、M・R・P派のものであるか、それともドゥ・ゴール系統の人間であるか、それを知っておれば問題によっては随分話の仕方もあるといった具合で、この連中はどこか役所の役目だけを単純にやっている人間ではない、というようなところを発見する。日本では、議会の中では党争がつまらぬことから撲《なぐ》り合いになったりするけれども、街の中でも役所などでも、それほどやかましい対立意識はないが、フランスはその点がはるかにやかましい。一つには戦後の激動時代のせいもあろうが、いわば政治的対立が、日常生活の末端にまで、浸透しているのである。これでは、常住不断の生活、産業的活動までが、どことなく邪魔をされて仕方があるまい。

社会的な不安感

こんどの戦後のフランス経済の回復に当っても、この悩みは深刻であったようである。政府の賃銀物価政策は、共産党と労働組合の要求によって不断に圧迫された。インフレはなかなか静まらない。インフレにおける物価と賃銀の不断の鼬《いたち》ごっこは、資本と労働の力ずくの押し合いへし合いをそのまま反映したようなものであった。国民経済の回復の軸をなすフランスの安定は、それだけでも失敗する。ストライキの頻発が、どれだけ戦後フランス経済の回復を邪魔したことであろうか。これに加えて、中小商工業者や農民はまた、それぞれ自分の利益で動いていたので、それが作り出す流通の不円滑や闇が、横合いから労資の闘争、あるいは政府と組合の闘争をけしかけるような役割をしている。なるほど、労資は利害を別にし、農民も自身の利益の上に立っていることは明白であるが、しかし現実の問題として、これらの国民の各部分が、違った利害をもちながらも国民経済という利害共通の一単位をなす枠の中で生活し、一つの集合体として同時に浮沈を共にするという側面は、いつも忘れられているという感じである。

右に財布をもつフランス人の個人主義と、左に心臓をもつフランス人の党派意識が、双方から社会の安定を掻《か》き廻しているという姿である。戦後二年を過ぎたころ、パリのレストランではうまい酒が飲め、贅沢《ぜいたく》な料理が食えるのに、いまに何が起るかわからぬといった社会不安が、フランスを覆っていた。その不安は、それからさらに三年たっているいまでも、まだすっかり消え去ってはいないだろう。同じころのロンドンでは、大臣も労働者も、あまり大変りしない食生活をしていて、イギリス経済はドル不足に悩みつづけていたが、政治にも社会にも身に感ずるほどの不安というものはなかった。そして、経済の不安定はまだイギリスにつづいているが、社会的な不安感は、いまは皆無に近いようである。

沈下する経済

こういった政治と社会では、フランスの経済回復もなかなかであろうと思われる。すでに戦前、フランスの経済は、他の進んだ国との間に、かなりの開きを作っていた。戦前の生産力の指標として、試みに国民一人当りの生産額をみると、米国の六百ドルに対して、イギリス五百ドル、フランスは僅《わず》かに三百ドルに当る価値にしか達していない。戦後に作られたモネの経済計画というのは、フランスの工業における装置や機械器具など一切の設備の「近代化」を目ざしたものであるが、それはフランス工場が、過去において資本投下が極めて少かったために、永いこと更新されないままに来て、いまや進んだほかの国と太刀打が出来ないという根本的な事情を反省したものであった。モネ・プランの発表と同時にフランス官庁の報告したところによると、一九四六年の初頭における機械器具の平均年齢はフランスでは二十五年に達していると言い、それはイギリスの九年、米国の五年乃至は七年という若さとは、比較にならないと言っている。

そんなやかましい問題でなくとも、炯眼《けいがん》な旅人は、市街を歩いて、その建築を見ただけで、現代のフランス人がその祖父や曾祖父《そうそふ》たちが作った立派な建物に住み、多くは過去の蓄積資本に寄食していると感ずるにちがいない。伝統ある農業ですら、その生産力の指標は、英、米はおろか、デンマークなどに較べてもはるかに落ちる。

これらすべてが、内政の状態ばかりから来たとはいえまいが、これではこの生産高が戦前水準にまで復興したといっても、肝腎《かんじん》な経済の内面的な力が高まることがなかったら、その永い間における国際的な遅れを取返すのはなかなかで、この国の今後は容易なことではあるまい。英米を向うに廻しての競争が大変であるばかりでなく、いまは破滅の底にあるお隣のドイツが、やがて本格に生気を吹き返してくると、すぐにその力にも抗し難いものを感じてくるであろう。

それにしては、いまのフランス政治は、この大きな問題をかかえ、その国民生活の根柢《こんてい》を培《つちか》うのに、あまりにも無用の抗争が多過ぎはしないだろうか。

日本

似て非なるもの

さて、このあたりで私は、問題を少しばかり我々の身近くに引つけて見てみたいと思うが、それにしても、これまで見てきたヨーロッパ諸国の人々の考え方や、ものの見方を、我々のそれと比較して、その異同を考えてみないわけにはゆくまい。

日本人の今日までの頭の動かし方は、以上にのべた三つの国民のどれかに似ているであろうか。まず、こういう問題が出てくるに違いない。やかましく論じ立てれば、これもまたむつかしい問題であろうが、そうやかましくは探索しないで、ざっと見てみることから始めよう。日本人は、どっちかといえば、血気にはやって自分たちが現にやっていることの意味や重みを忘れて突っ走ってしまうようなところは、フランス人に似たようなところもあり、かと思うと、若い人々の間に特に多いことであるが、「理論」といったものにはずいぶん引ずり廻されるというような点では、ドイツ人に似ているところがあるような気がしないでもない。しかし、すこし突き入って見ていると、どちらの場合も、似ているのはほんの表向きだけで、中身は大ぶ違うということに気がつくのである。

なるほど何かひと理窟《りくつ》ありげなことには、すぐに参ってしまい、理論といえば何でも崇高なもののように考えて、ひたすらひれ伏してしまう。殊に、終戦後は、こういうことについても調子が軽くなって、彼は理論があるとか、ないとか、共産党は理論をもっているが、社会党には理論がない、といった言葉で、至極簡単に値踏みをする傾きがあった。さてその「理論」とは一体何であるか、どの程度まで尊重に価するのか、というようなことは、別に立入って考えるわけでもない。これは、ドイツの理論尊重に似ているとはいえない。同じ理論尊重でも、理論の内容を自分で見究めようという努力はおこたりがちである。もちろん、日本人がみんなこういうふうだというのでは断じてないが、「理論」という言葉に最大の魅力を感じて、理論そのものは検討しないというような風潮は、たしかに我々の陥りやすい傾きで、特にこれは若い人々の間にひろがっていると言ってよかろう。これでは、ほんの見かけばかりの理論尊重であって、それ自体すこしも合理的でない。

それから、理論といえば何といっても結局は学問につながる話であるが、その学問はどうかというと、日本では自然科学の領域でこそ世界的水準の人もだんだん出てきたが、社会科学や歴史学や哲学の方面では、それもまだ寥々《りょうりょう》たるものである。学問的研究の歴史が我国ではまだ浅いということが、その大きな理由であるにはちがいないが、日本人自身が展開した大きな体系が、国民の考えに影響し、国民の考えを形づくるまでに至っているような理論的な労作というものは、まだほとんど皆無に近いというわけであるから、その点でも、日本人がドイツ人の型に似ていると言っては、少し僭称《せんしょう》のそしりをまぬかれないかも知れない。

神話的な「全体」

ドイツも日本も、こんどの戦争までの一時代を、全体主義の体制をとったわけであるが、外にあらわれた姿や行動は同じ全体主義であっても、その根柢《こんてい》になっている考え方は非常に違っている。さっき話したように、ドイツの全体主義には、よかれあしかれ、理論的に構成された観念があった。それは、第一次大戦前の帝国主義の考えにしろ、今次大戦前までのナチスの考えにしろ、ドイツ民族の優秀性といったものを中心に、一面的なものであるにしても、またスキだらけでもあったろうが、一応は理窟で説明できるようなものであって、そこではドイツ人全体の生きてゆく方向や秩序が理論的な体裁をとっていた。個人個人も、その全体の中で或《あ》る地位を与えられてはいるし、理窟の上では、国家が大きくなってゆくかぎり、個人の生活も進展するというような、積極的な理窟にはなっているのである。

これにくらべると、日本の全体主義の思想的な装いは、神話的な、物語り風の伝説、言いかえてみれば、実際にあったことかどうかも分らぬほど遠い昔の神武《じんむ》天皇とか天孫降臨とかの話を、我々の生活の源《みなもと》と見て、そこから出てきたいわゆる皇統連綿の思想が、日本の「全体」を構成する中枢になっている。むろん神話は神話でよいのであって、それを排撃したりする必要はない。またそうした神話の中に国民の性向というようなものも、往々にしてふくまれているものではあるが、現代における我々の在り方を説明するのに、直接そういう神話的なものに根拠を求めるのは、何といっても時代錯誤の弱みをもつことになろう。そういう意味では、日本の全体主義は、かなり宗教的であり、感情的でもあるというほかはあるまい。少くとも、それは論理的には説明のやりにくいものであるが、この点については、あとでもう少し詳しく述べてみたい。

経済的に説明すれば、このドイツと日本の二つの全体主義は似たところがあるかも知れないが、国民自身が思い込んでいたいわゆる観念の形態は、こういうふうに違っていたのである。

型どった政党

小党分立で互にしのぎを削っているというような点から、日本は、政治の形態ではフランスに似ていやしないかと言われる。しかし、これも大方は外側の形ばかりのことのように思われる。

フランスにおける政党の対立の中には、歴史的には貴族と庶民との階級的対立のはげしさが根柢にあって、その上に思想的な立場の相違がこれをさらに細分しているといった形であって、簡単にいうと、それぞれの政党が思想的な立場に拠《よ》って相譲らぬという点が目立っているが、日本の政党は、それぞれが何か伝統的に引ずってきた思想や主張に拠っているとは言いにくい。明治当初の自由党など、いわゆる自由民権思想に拠ったといえるけれども、その思想や主張の内容は、党員の離合集散や党首の入れ替りでたちまち色あせてしまう。そして、戦前二大政党として長く対立してきた政友会と民政党のように、そこには思想的な違いというものは皆無といってよく、政策の違いもわずかであった。フランスの政党が匂わせているような調子の「思想」というものも、伝統的にはないといってよい。

なるほど、社会党などは、主として思想中心の動きだといえないことはないが、それがフランス人の場合のように身から出たという感じではない。一般的にいうと日本の政党は、党の首領を中心に人間関係によって動いている。誰れを党首に「担ぎ出す」かが、政党にとってはいつでも最大の重要な問題であった。党首の「顔」が政党を代表して来たのは吉田《よしだ》さんのワンマン・パーティばかりではない。いまの自由民主党の党内派閥などは、もっともよく、日本の政党の在り方を代弁していると言えるであろうが、その離合集散の動機は、理窟にあるのでも政策にあるのでもなく、主として人間関係にある。その人的関係を通じての個人的な利害打算が、政党やその派閥の、分裂や合同の主たる動機だとすれば、同じ小党分立でも、フランスのそれとは大ぶ根柢が違うことがわかる。

伝統というもの

制度や思想が伝統的で、一般に伝統を重んずるといわれる点で、イギリスと日本は似ているであろうか。

日本はある意味で伝統の国といえそうである。特にその習俗や生活の文化といったものには、よかれあしかれ、一つの永い継続がある。しかし、日本という国は、つねに外からの文化の流入を受入れる運命にあったので、それによって新たに生活を豊富にすることができたと同時に、伝統を中断することも余儀なくされてきた。近いところでは、明治維新とこんどの敗戦であるが、どちらの場合にも、切り替えと発展とが同時に起った二重の運動を考えてみるだけで、そのことは如実にわかろう。要するに、進歩にしろ、変化にしろ、その波のうねりが大きい。国民生活が一本の大きな河として、小さな支流の水を少しずつ集めてさらに大きくなってゆくといった調子とは、少し違うものが感じられるのである。

イギリス人の伝統というのは、これとは大ぶ違う。例えば、その政党の歴史を見ても、昔トーリイという国教を奉ずる王党があって、その王党トーリイの勢力をそのまま母体として、前世紀の前葉にその中の進歩的分子が保守党として結成し、それが近代化して今日につづいているその行き方、このトーリイに対立して、新教的貴族党としてやや民権的な傾向をもったホイッグが、やはりその母体をあまり変えないで、自由党となり、その胎内に宿った小さな芽を、旧勢力たる自由党が支持乃至《ないし》黙認することによって、この世紀の初頭から労働党が成長を始めたというような経路。ここでは一人のえらい人間が考えついた思想とか、あるいは一人の獅子吼《ししく》する人間とか思想とかに引ずられて、突如として新しい政党が飛び出してくるというような、ドイツやフランスにあるような行き方をとっていない。いつでも、過去に経験があって試験済みのものを土台としなければ、次のものは生れてこないという行き方である。ちょうどあの「大英百科辞典《エンサイクロペディア・ベリタニカ》」が、十八世紀の末から二百年近くかかって、最初はほんの小さな辞典として生れ、版を重ねるごとにだんだん積み重ね、おし拡げて、今日のそれのように大きくなってきた行き方に似ている。制度にも、生活にも、名称にも、イギリスでは旧《ふる》い慣習をそのまま残すが、それを残すのは、旧い伝統が新しい進歩の邪魔をしていないという自信があるのと、生活の連続性、言いかえると経験の積み重なりを重視するからであろう。社会はそれによってどっしりとした重量感を増してくる。制度も名称も、幾代もの人々の手で撫《な》でまわされて黒光りをしているが、それでもってこの制度の中の人間は常に新しいというのが、イギリスの伝統主義で、そこからきたイギリスの保守主義も、決して頑迷固陋《がんめいころう》な復古主義ではなく、また必ずしも反動的なものとなるとはかぎらない。

その点、日本の伝統は、実際に流れている生活に即して発展していない場合が多い。茶や花も、ただ昔の生活の名残りというだけで、母体を失って孤立化してしまっては、今の生活に溶け込みにくくなってこよう。伝統というのは一つの価値であるから、それが現代において現代的な価値をもつときにのみ、その伝統は展開したといえるのである。国民の国家生活も、それがただ物語り風の歴史観からくる生活感情だけでは、強い伝統を形成し難いように思われる。ことに、戦後の今の状況についていうかぎり、日本は伝統主義の国といえるどころか、むしろ非伝統的といえる面が強調されているのであって、町や区の地名でも、官庁や学校の名称でも、一切の制度の名前まで、何らその必要のないことまでが、必要であるが如く、無雑作に軽く変更されてゆく。ここまで来ると、およそ中身は進めても外側は古びたまま変えようとしないイギリスの伝統的な行き方とは、まさに正反対にみえる「伝統の日本」というほかはあるまい。

根本的な相違

どこか似通っていると思われるような点を取ってみても、日本人の考え方は、西ヨーロッパ諸国民のそれとは大ぶ違うことがわかる。いや、根本的な違いがあるといった方が、かえってハッキリするかも知れない。

ドイツ風に似ていると思われるのは、ただ我々が学校でドイツ風の学問をしたというところから、ドイツ的な理論尊重の考え方に強く引つけられているということに過ぎないようであり、政治の形式がフランスに似ているといっても、いわば自分の身から出た考えの違いというものの上に立って、どこまでも自分を貫くというような調子などは、一向に見当らない。いわんや、一切の経験の集積からくる均衡のとれた知識で仕事に当ってゆくイギリスの人の「常識」は、我々の誰れでもが一応は持っているように見えて、実は我々にはずいぶん欠けているといわねばならぬであろう。この「常識」は、不断のたゆまない勉強の集積からくるのであって、それは瞬間的に試験勉強的に出来上がるものではない。長い時間をかけた歴史的な蓄積であり、また個人的に簡単に作り上げられるものではなくて、社会的、国民的な規模で、個人個人の相互作用のなかで、だんだんに築き上げられてゆくものである。その意味で、我国にはまだそうした積み上げが欠けているというのである。

しかし、日本人が西ヨーロッパの諸国民とその「考え方」や「ものの見方」が違うということは、一般に「性格」として似たところが全くないということとは、問題が少し違う。ドイツ人のように権威に反抗しないとか、フランス人のように情熱的であるとか、そういうことはいろいろあるのであって、一面には多少とも共通なところがあると言えるかも知れないのである。しかし、これを国民の政治や経済などの社会的な行動の中にあらわれた「考え方」というような、いわば知的な根本形式として見ると、どうもあまり似寄ったところがないと言うのが、ここに私の言おうとしていることである。

思想過剰

ところが、幸か不幸か、日本の現代は全くヨーロッパ文化で充満していて、西洋の学問、西洋の思想を、背負いきれぬほど背負い込んでいる。日本に何か足りないものがあるとすれば、それは恐らく学問や思想ではあるまい。思想は貧困であるどころか、むしろ過剰の状態にある。キリスト教的なヒューマニズムをはじめ、マルキシズム、ドイツ哲学、マンチェスター派の自由主義やフランス風の自由思想、さてはアメリカ風のプラグマチズム、西欧風も東欧風も、それに従来の東洋思想はいうまでもないこと、王道も、覇道も、一切合財を、不自由なく我々はもっている。

それは、日本人の燃える向学心のためか、何でもかでも新しいものには飛びつかねばおさまらぬ内心のうつろのためか、それとも十九世紀の後半になってはじめて世間に出てきた日本の遅れた歴史的な状況から、世界の先進文化が余すところなく流入して来なければおさまらぬ地位にあり運命にあったためか、その理由はともかくとして、思想過剰は間違いないようであり、またそのために消化不良を惹起《じゃっき》している、というふうにも思えるのである。

なるほど、どんな国でも、外国の思想は次から次へと流入してきている。イギリスなどが、それを次々に消化していって、独自の形で自分の栄養にしていったことについては前に話した通りである。ところが日本では、これら外からはいってきたものが、ずいぶんの情熱とエネルギーをもって勉強され、研究されたにもかかわらず、それらのものが知識階層の専門知識としては相当に結実しているにしても、国民の知恵というか、国民の栄養というか、そういうものとしてはあまりぴったりした効果を生んでいないのは、一体どういう理由によるのであろうか。

そういうところを、少しばかり考えてみたい。

というのは、外から流入する学問や思想の受入れ方とか、受入れられたものがどういう状態をつづけてきたかとか、そこに出てくる日本の側の条件とか状況といったものについて、いくつかの特徴らしいものをさぐってみたいのである。

受入れの仕方

第一には、外から流入する学問や思想は圧倒的なものであったが、日本人にはこれを理解する力も十分にあった。それどころか、場合によると一歩を進めることすらできないことではなかった。ただ、これを受入れる土壌というか、素地というか、そういう土台がずいぶん違っていたということはやむを得ないことであった。イギリスでもフランスでも、例えばそこにドイツ思想がはいってくる場合に、それを植えつけるのに土壌の用意があった。他方から見ると、或る程度までこれらの国の間に共通の土台があった。言いかえると、社会生活や家庭生活のあり方、経済の方式、宗教的信仰などに、共通し平行するものがあって、例えば一方の国で出来た学問の基礎になっている生活は、他方の国にもそれに極めて近いものがあるから、その学問を頭で理解するばかりでなく、気持の上でも了解できるというような関係があった。日本と西洋との間には、それが欠けていた。

第二には、外から流入してくる思想に対する日本人の受入れ方、扱い方を見ると、多くの場合、まずその思想や学問の体系や細部にわたって、熱心かつ忠実に解釈が試みられた。その態度は、あたかも徳川《とくがわ》時代の伊藤仁斎《いとうじんさい》や荻生徂徠《おぎゅうそらい》といった学者たちが、中国の古典に対した場合と揆《き》を一にしている。中国古典を、いわば価値の源泉というふうに見て、この解釈に精根を打込み、場合によると当時の本国におけるよりはその研究がすぐれていたといわれるように、明治以後のドイツ哲学やマルクス学の研究も、実に微細を極めたし、これについての専門学者も、恐らく他国に比を見ないくらいの数に達したろう。しかし、この行き方は、まだひとが鍬《くわ》を入れたことのない「事実」の処女地を掘り起し、これを分析し、抽象し、それを再び綜合《そうごう》して、そこに新しい思想や学問を打ち建てるという行き方とは、まるで違うわけである。後者のような学者が日本には出なかったとは言わないが、それはむしろ例外的であって、少くともまだそこまでは行かないというのが一般の状態であった。しかし、これでは、よその畑に実ったものを手にとってながめすかししているというわけであるから、こうした学問や思想が、それ自身としては十分に理解されても、それが自分の畑から生れたものでないということが、国民にとって身近かなものに感じられないのは当然であって、場合によると、それを実際に適用するという段になって、どこかぴったりはこないという問題が起ってくる。

第三には、こういった受容の態度は、いろいろ流入してくる西欧の思想を、そのまま並存させ、雑居させることにもなった。徳川時代の儒教的教養にしても、それが明治以後の洋学摂取を可能にした基礎をなしていると同時に、その儒教的な思想や教養も、明治以後は半ばは洋学と入れ替りながら、しかも半ばはそのまま共存した。むしろん日本の古典思想といったものの復興もあって、それも雑居者の一人というかたちであった。

また、いうまでもないことながら、こうした知的階層に保持される思想のほかに、徳川期からの土着の考え、それは主として宗教的な色彩をもったものであるが、仏教の諸派、神道、山岳信仰、神仏習合、その他のいろいろの機能神への信仰等、それ自体、互に永いこと雑居してきた土着的な信仰思想が、上層の知識層を流れている新しい思想とはほとんど無関係に、下層を流れていた。

こうした平気な共存雑居が、日本の思想的雰囲気の一つの特徴を作っているように見える。

思想と事実

第四には、明治の初期から流入してきた自由とか、民権とか、社会主義といった思想は、それぞれまだそれぞれに見合う「事実」がないところに、はいってきたものである。

たとえば自由という考えは、西洋では、母国の歴史発展のなかで展開してきた自由という「事実」を根柢として結実した思想であるが、日本では反対に、こうして流入してきた、出来上った思想から、逆に事実を作り出し、それを発展させねばならなかった。自由とか民権とかいう考えにもとづいて、議会を作ったり、自治制度を作り出すことをしなければならなかった。西洋とは、その発展の仕方がいわば逆である。

もう一つ例をあげると、社会主義という思想の紹介は明治の初年から既にはじまっているが、そのころのわが国では、社会主義が生長すべき土壌である資本家的な経済そのものが、まるで生れ出ても来ていなかった。実際に社会主義の思想が多少の反響を見うるようになったのは、ずっと後のことである。最初の研究団体が生れたのが明治三十一年の「社会主義研究会」で、また最初の社会主義政党が結成されたのはそれから三年後の三十四年であった。研究団体にしても、政党にしても、それが社会主義というからには、当然にこの運動の主体となるべき「大衆」が出てきていなければならぬはずであるが、実際は、これらの思想も政党もまだ大衆とはほとんど縁のない存在であった。幸徳秋水《こうとくしゅうすい》の「社会主義神髄」が出たのが明治三十六年で、このときはじめてマルクス主義的な思想が読書界に紹介されたわけであるが、それでも日本の経済と社会の実際は、まだこの思想にぴったり対応するような状態ではなかったろう。幸徳は、中江兆民《なかえちょうみん》の門弟であったが、その兆民が、幸徳に対して「お前の言うことは日本ではまだ早すぎる」と、よくいったものだと、兆民の長女竹内千美《たけうちちび》さんが思い出として語っている。

要するに、日本では、事実がまだ展開しないところに、それに関する思想が先走って、はいってきた。そこで理論的にそうした思想を信奉した人たちには、それに対応する事実がなかなかやって来ないというところから、多くは中途でいわゆる「転向」気味になってくる。日本に多い「転向」は、こういう根本条件の上でも起り得たわけであるが、そういったことにまつわって出てくる混乱が、流入する思想に対する一般的な違和感を生むことになったのは、やむを得ぬことであったろう。

思想の濾過器

そこで、第五ばん目に、一つの結論が出てくる。外から流入するものが、こういった調子で受入れられてきたということは、やはりこれを取捨選択し、濾過《ろか》して、自分のものに消化させてゆくための、自分の思考形式がないか、あるいはそれが非常に弱かったということになりはすまいか。これが、ここで考えてみねばならぬ一ばん重要なことであろう。

これまでこの本の中で書いてきたように、西ヨーロッパの諸国は、大体において外から流入するものを受入れる際の自分の形式をもっていた。独自の考え方、ものの見方をもっていた。この考え方や見方が、新しくはいってくるものを品定めし、鑑定して、取捨選択する濾過器の用をなしてきた。一切合財が素通りしてはいってくるのではなく、その自分の形式にうまくはまらないものは拒否されるのである。『資本論』がロンドンで書かれたにもかかわらず、イギリスにマルクスがそのままの形ではいらないのも、この形式の関門を通過できないからであり、またその同じイギリスでは労働組合があれほど強大で、かつ統一ができているのに、フランスのサンジカリズムがはいって来ないのも、やはりこの辺に一つの理由があろう。フランスに、ナチス的な全体主義がなかなか入り込めないのも、またイギリスのように皇帝を温存できないのも、ほかにも理由はあろうが、フランス人の思考の形式によるところが大きいことは看過できまい。

ところが日本の場合には、各種の思想が外から導入されるけれども、その各々が大体そのままの状況で、この異境に生きつづけることができる。ということは、日本人のこれに対する受容の仕方が、日本固有の考え方ないしは固有の思考形式を通してこれを摂取し、現形のあとかたが見られないまでに消化させるということができない、ということであろう。だからこそ、母体のちがうそれぞれの思想が、この国に共存することになるのであるが、国民の知識層は、そうした思想の何《いず》れかに関心をもち、何れかに引かれることにもなるから、それが国民の考えにいちじるしい分裂と相異を生む少くとも一つの素因となっているように思われる。

感性の形式

さて私はここで、我々日本人には強い独自の考え方がないのではないかという疑問を提起したが、これは或いは少々大胆に過ぎたかも知れない。しかし、そういう仮説を作らないことには、説明しにくいことがいろいろと出てくるので、あえて私はこういう仮説をかかげながら、話を進めたいと思うのである。

もっとも、ここに独自の考え方が弱いといっても、それは主として論理的にものを見、ものを摑《つか》む独自の形式をいうのであって、一般にものを摑むのに論理的な方法以外には何の方法もないということではない。さしずめ感性的に把握する仕方があって、それは文学や芸術などの世界を作る。そして我々が、そうした方面から世界や人生に肉迫することの重要さは、いまさらここに述べるまでもない。日本が早くから中国の思想や文字や芸術やその他の文物を受入れ、また中国や朝鮮を仲介として、印度《インド》その他の宗教思想などを容《い》れながらも、それらとはおのずから異った日本独特の文化を作り出していることも、いまさら言うまでもないのであるが、例えば飛鳥白鳳《あすかはくほう》の芸術、紫式部《むらさきしきぶ》に代表される平安の文学、さらには世阿弥《ぜあみ》、遠州《えんしゅう》、宗達《そうたつ》、光琳《こうりん》、芭蕉《ばしょう》、宣長《のりなが》というような名前をあげてみるだけで、その独自性は疑う余地のないもので、かつ、こうした文化所産は、我々にとっては親近感などといったもの以上の、生命的な、内的な、確実なつながりを感ぜさせられるものである。そこに、感性の世界における日本人独得の優れた形式があるということは、そういった方面には暗い私などにも、率直な確信がもたれるのである。すべてに厳《きび》しく硬い感じの中国の陶器も、日本にはいってくるとすっかりデフォルムされて、何ともいえぬ渋味が出たり、浴衣《ゆかた》がけの風雅な趣きを帯びてきたりする。そうして三十一文字と十七文字の中に、それぞれ風趣のちがった詩の世界を、昔も今も多くの庶民がうたいあげるような国民は、ほかにはあるまい。

そういうことを考えると、日本人がこうした世界でその「形式」を遺憾なく表出していることに気がつくし、そしてその価値を低く評価することなどは思いもよらぬことである。

ロシアを想う

私は、ロシア人については頗《すこぶ》る知識の浅いもので、いろいろのことを言う資格がないのであるが、こういった思考形式の問題で、ロシア人はどこか日本人と一脈の似たところがあるような気がしてならないのである。

ロシアという国は、西ヨーロッパ諸国と同じ歩調で歩いた国ではなく、十八世紀から十九世紀にかけても、まだ専制、農奴、迫害、叛乱《はんらん》といった文字の乱舞する国であった。十八世紀後半にピョートル大帝の後継者をもって任じた女帝カザリン二世などが、フランスの自由主義を謳歌《おうか》し、大いに啓蒙《けいもう》君主ぶりを発揮していたが、ひとたびフランス革命の報が伝わると、あわてて自由主義などはかなぐり捨て、かえってその信奉者の弾圧に向かう大「転向」ぶりなどを見ると、社会的な思考という面では随分立遅れていて、彼らが西ヨーロッパから受入れていた知識がまるで地についていなかったことがわかる。それもそのはずで、女帝や貴族たちは、フランス流の新思想を謳歌しているのに、地上では自由どころか、農奴制は真っ盛りという状態であった。当時、その矛盾をするどく指摘して、ついに一時は死刑の宣告まで受けて結局シベリヤに流刑されたのが、最初の革命作家といわれるラジーシチェフであった。インテリゲンチャという言葉は、本来ロシア語で、それは十九世紀のロシア文学によく出ている現実政治から離れた知識階層のことであって、こうした意味あいの知識層は、イギリスやドイツにはあまり見当らない。これは、革命前のロシアと日本にだけの特産物である。

私は、そういう点から考えても、西ヨーロッパの社会思想が、ロシアにはそのまま導入されやすかったろうと思うし、それがロシアの極端な専政制度とはげしく嚙《か》み合って、結局、革命への状勢を生み出すに至ったものであろうと思う。言葉をかえてみれば、ロシア人も、学問的な伝統が浅く、みずから掘り起した思想よりは、輸入思想に圧倒されがちであったのであろうと考えられるし、そういう点で、この流入してくる思想を濾過する独自の思考の形成は甚だ弱かったと見るべきではあるまいか。

誇りと弱み

しかし、それはロシア人にとっての弱みであったにしても、他方にロシア人は、たった一人のドストエフスキーをもっているだけでも、世界にむかって自らを誇り得たと考えるべきであると思う。十九世紀の中葉から後半にかけてはロシア文学の盛花期で、それまでロシアというものを北方の野蛮な国ぐらいに思い込んでいた西ヨーロッパの連中は、ロシア文学の出現を奇蹟《きせき》のような気持で見たといわれる。しかし、この世界に独自の地歩を占めるロシア文学は、実は永い歴史と伝統をもっていたのである。音楽についても、同じようなことが、ロシアの場合に或る程度までいえるのではあるまいか。そして、文学的思考による人間探求の深さ、したがってまた人間の集団である社会のするどい捕捉《ほそく》は、他の方法をもってしては到達できない独自のものである。

私は、ロシアも、日本も、学問的な思惟《しい》を働かせる伝統が浅かったということ、そしてそれが浅かったのはこうした思惟を自由に働かせる社会的な条件のできるのが非常に遅れたということ、こうしたことが、特に社会的な学問や思想について独自の思考形式の弱さを作ったと見てよかろうと思う。そのロシアは、外来の思想で直訳的に革命はやったものの、革命というものは旧体制を覆えすことが主な仕事であって、革命や革命の背景となる思想そのものの中から新しい社会のすべてが生れてくるわけではないので、——その点はあとでもう少しくわしく述べたいと思っているが——革命後のロシアは、これまでも自分たちの身に合う社会や経済のあり方を求めて模索してきたと見るべきで、いまや利潤形式を採り入れるというようなことをやっているのも、それが直ちに資本主義に還《かえ》るのだとか、いやそうでないとかいった政治的な見地から見るべきではなく、もっと違った、いわば第三の、歴史的な立場から、ゆとりをもって眺めるべきものであろう。

同じことが、同じような関係から、しかしまったく違った事態にあるこの日本にも必要であろうというのが、私の考え方である。

生活と学問

こういうふうに言うと、非常にむつかしい問題のようであるけれども、流入思想に対して我々自身のもつこなし方が大変弱かったということは、平生の生活のなかに、いろいろに現われているのである。そうした中で、もっとも目立っている大きな問題は、何といっても学問と生活が、我々の場合には離ればなれになっていて、ぴったりくっついていないと言うことである。

身近かなところで、自分の学生時代を回顧してみると、それに気づく人が少くはあるまい。我々は、学問とはそういうものだと思い込むようにくせがついているけれども、よく考えてみると、我々の受けてきた教育は、いかにも教科書的で、どこかよそよそしいところがあり、我々の身に沁《し》み込むような生活的な要素に欠けていた。大学で学習する学問が、いかにも「学問的」におごそかであって、しかもそれはただ教壇とノートとの間の交渉に過ぎなかった。それは我々の生活には沁み入らなかった。それもその筈《はず》で、我々の教わった学問の多くは、日本人が作ったものでもなく、またそれは我々の日常の生活の間から出てきたものが結晶して出来た学問ともいえなかった。我々の今日までの学問は、そのほとんどすべてが、と言いたいくらい、多くが西洋から輸入され、その輸入されたものが先《ま》ず最初に大学の高い教壇の上に現われ、その教壇から下の方へ、庶民の方へと、次第に降りてくるという行き方ではあったが、それは結局、庶民の生活までには降りきってしまわず、生活に入り込んでしまったとはいえない。

たしかに風習はずいぶん西洋風になった。洋装は一般的であり、握手なども平気になっているけれども、権利とか義務とかいうときには、もう何かぎこちないものを感ずる。その権利を主張すると、口論だけに止《とど》まらずに、喧嘩《けんか》になったり、暴力になったりしかねない。それよりは「義理がわるい」とか、「ずいぶん御恩になった、だから……」という言葉の方が、はるかに身についているように感じられるし、そういう言葉で動きだす方が、自然な感じがしているのである。これは我々の「生活」である。権利とか義務とかいうのは、明治二十一年以来やってきた我々の「法律」だが、それはいまだに生活とはどこか離れた感じで受けとられる。

ところがその「法律」が、西洋では、学問であると同時に、生活である。

固い約束

やかましいことは暫《しば》らく措《お》いて、ごく一般的にいうと、西ヨーロッパ諸国の「法律」の土台には、西ヨーロッパの比較的に独立で自由な個人が横たわっているといっても、そうわかりにくい話ではあるまい。いわば、つねに外に向って自己を拡張してやまぬ個人が横たわっているのである。

個人個人が、それぞれ自分の生活を、精神的にも物質的にも外にむかって拡張しようとするのは、敢《あ》えてヨーロッパ人には限らない。それは、中国人にも日本人にもあることには違いないが、それでもどこかに違ったところがある。日本人の場合は、それが儒教から来たか、仏教から来たか、それとも社会的な自由というものを知らなかった封建生活の遺風がこびりついているのか、その依《よ》って来たところが何であるかはともかくとして、その自己拡張の自然な動きをつねに引留め、これを牽制《けんせい》しようとするような動機がはたらいていることは確かで、少くともこの戦前までは、自己の自然な欲望のままに外にむかって進むということを、必ずしも「よいこと」とは見ないで、むしろ自ら退くところに道徳的な高さを感じていたことは、我々の日常の生活における実感だったといってよかろう。その辺が、ヨーロッパ人とはもう可なり違っている。個人個人が、それぞれ自分の生活を外にむかって拡張しようとすることは、まず自然なものと受取っているのである。しかし、社会のすべての人が、自分を外にむかって拡げようとする限りは、ここではどうしても衝突が起り、社会は、勢いこういった個人と個人との押し合いへし合いの場所となる。そのことは、アダム・スミスの経済学がエコノミック・マンの押し合いへし合いを前提しているのにも見られる通りで、いわばヨーロッパ社会の原型と見てよかろう。この原型のなかでは、個人個人はお互に押せるだけ押してくる。それが自然だと見られるなら、社会生活を維持してゆくには、その押し合いを是認した上で、それを調節する境界を積極的に定める必要ができてくる。こうして出来あがった境界が、いわば民法とか商法とかの私法の考えであって、どこまでも外に拡がってゆこうとする個人の生活は、これら私法の定める一線を守ることによって、はじめて均衡を得た社会的な安定状態が作り出される。だから、それは、永い間、いわば身をもって争い合った結果として出来た調停の境界線だということができるのであって、理窟だけから生れ出てきたものではないのである。

そこで、この法律を守るということは、お互の生活を確保するのに何よりも大切な固い約束でなくてはならぬということになる。本人が一度サインをした以上は、契約の内容はたとえインチキなものであっても、履行されるのが当然であって、サインはしたが実は契約書の内容には十分に目を通さなかったとか、契約の内容が少々インチキだとか主張しても、それはなかなか通りにくいのである。こういうふうに法律に対する感じ方からして、今日までの日本人のそれとはだいぶ違っている。

法が生活を守る

日常の生活のなかに出てくるいろいろの契約、家具を月賦で買うとか、銀行に預金するとか、テレビの受信機を月ぎめで借りるとかする場合に、スイスの人たちなどはその契約書を一日中ひねくり廻して、よくよく読んで大丈夫というのでなければ中々サインしない、といった調子である。町の小売店なども、十分には見知らない人間にも愛想よく掛売りをやったりするが、約束と違って支払いが滞ってくると、容赦なく警告を発して執達役場を利用する。法運用の施設も違うし、法に対する信頼の固さも違うわけである。

いわば平生の生活において、彼らはつねに法律とともに生活をしているのである。書類ということになると、買物の勘定書きでも、二年や三年はキチンと分類までして取っておく。いつか必ずこの紙切れが物を言うのである。必要なときに証拠の書類がなければ負けである。

私は、スイスで、年配の男を秘書に雇っていたことがある。いい男だと思って信用していたのはよいが、私はこの国の法律について少々無知であった。ある日、私あてに、執達役場から手紙がきた。不審に思って披《ひら》いてみると、この私の秘書が、その離婚したモトの妻君のために渡すべき扶養金を、雇主たる私がこの数カ月払込んでいないので、もし私が払込まないなら、私にむけて執達吏を差向けるというのであった。スイスでは、離婚された妻のために、彼女を離婚した夫の雇主は、この男に給する月給のうちの何割かをあらかじめ差引いて、これを役所に納める義務があるのであって、その金は役所を通して妻に渡されることになっているのである。その金額は、男の月給の額によってちがい、最低男が食えるだけは残してやるが、役所としては去られた妻を救済する収入源を押えておいて、扶養金の確実を期するわけである。そこで、雇主たる私が、もし雇人の給料から差引いてこれを納入しなかったら私は、支払義務の不履行ということで差押えられることになる。私の秘書は、自分が妻を離婚したことを私に話さず、私がこの国の法律に暗いのをよいことに、妻へ渡すべき数カ月分を着服していたというわけである。

事柄は私が役所に電話したことですべてはっきりし、私はすぐに適切な処置をとることができたが、感心したのは、法律はこの通り確実に運用されるように作られているし、離婚された妻は旧夫に収入がある限りは間違いなく保護されるということである。この辺は、家裁あたりで一応の決定があっても、実際は旧夫が支払わなかったり、これを訴訟しようとすればこれまた大変だというので、離縁の妻は大てい泣き寝入りする日本とは、ずいぶん違っている。五万円ぐらいの収入のある男だったら、毎月一万円ないし一万五千円ぐらいは、雇主に頭から差引かれる。生活を守ってくれる法、その法運用の確実性から、法への信頼がゆるがないのである。

そこで、借家の一軒ぐらいもっているサラリーマンなら、ちょうどかかりつけの医者をきめているのと同じように、生活の相談相手に一人の弁護士ぐらいは平生からきめておいて、事あれば直ちに動員するといった塩梅《あんばい》で、「権利のための闘争」は日常茶飯と心得ている。スイスの首都ベルンは、人口十二、三万の小都市であるが、この町ぐらい弁護士の看板の目につくところはない。この、どこの国よりもやかましい民法をもっているスイスは、こういう点で少しは特別であるかも知れないが、そこに住んでみると、法律がそのまま生活だという感じは如実である。随分ぎこちないと感ずるのは、我々日本人のような連中だけで、スイス人自身には、それが当り前であるに違いない。

古時計への信頼

その点、法律は法律だが、実際はこうだというわけで、情状の方が大手を振って通りかねない日本では、人間に対するあまり当てにならない信頼関係を当てにしているようなもので、それはちょうど、しょっちゅう止まってばかりいる古時計を大事に持ち歩いているのと同じようなところがある。法律に対する信頼よりも、まだ人情の方に重みを置いているのである。人情や人間性は、それが古時計のように止まったりしないかぎりは、もちろん美しいものであり、根本的に大切なものに相違ないが、それだけを頼りにしては、現代の複雑な社会生活は機能してゆかない。

その上に日本には、この「人情」と表裏の関係にある「義理」という考えが、まだ社会生活の上に意外に重要な役割をもっている。義理というのは、他の人からかけられた人情――それが精神的なものであろうと物質的なものであろうと――その人情に対して、いわばお返しをする義務といったもので、民法のような私法のなかった徳川時代の庶民の社会生活を支える柱の役割をしたものであるが、それは、その場その場によっていろいろ現われ方が違い、その解釈には主観的な要素が強く入り込まないではすまないし、客観的な規準というわけにはゆかなかった。したがって、この道義《ジッテ》は、おそらく強いものには有利に、弱いものには不利に作用したに相違ない。この義理の考えは、むろん今はずいぶん変ってきたが、それでもまだ我々の生活からなかなか抜け切れない。「そうしないと義理がわるい」という言葉は、その意味がはっきりしないまま、いまでもお互に平気で使っている。いわば我々は、法律と義理の二重の生活をやっているわけで、それが日本人の生活をいやが上にも複雑で、世界に稀《ま》れな、ややこしいものにしている。

もちろん人情と義理の生活と、法律の生活とには、それぞれ違った領域がまったくないとは言えまいが、実際には、ぎごちない法律の隙き間を、義理と人情で埋めているつもりであろう。あるいは、法律の支配すべきところに、人情の生活が残っているというわけでもあろう。外からはいってきたものが、いかに生活とくっつきにくいかを、わが国の法律は実によく示しているのである。

浮いている法律

このあいだから「遵法運動《じゅんぽううんどう》」という言葉が、左翼の労働組合その他でいろいろの意味で使われたが、これもどこかに法律に対する疑惑が残っている証拠であろう。そうでなければ、いまさら遵法というのも甚だおかしな話である。しかし、これは、法律を守る側において、法律の受取り方が、これまで話してきたように西洋諸国とはちがって、ぴったりしないところがあることを意味するばかりでなく、法律の出来あがる過程も幾らかおかしいということを含んでいる。

法律は国民の意志を代表する国会で制定されるほかないし、その国会では過半数の賛成でこれを成立させるのであるから、手続きや形式そのものは、日本においても現代のデモクラシー政治の常識通りに運ばれているわけであるが、それが変だという感じを残すのは、国会における多数決の原理だけは型通りに踏んでいるけれども、その数が質的に承認できないようなものを含んでいるということであろう。それを言いかえると、法律通過に対する賛成を成立させる数の一つ一つが、必ずしも法案に対する十分の確信をもっていなかったり、また反対派に対しても十分の根拠をもって説得するだけの力を欠き、かつ実際にも説明に努めるというふうではない。

したがって、双方の間で十分の論議がつくされ、意志がよく疎通して、場合によれば反対だった者が賛成に傾いたり、またその逆に、賛成者が反対にまわるということもあり得るという場合も前提し、したがって法案に対する個人個人のいつわらぬ自分の考えと意志にもとづく結果としての多数の力を認める、というような空気のなかでこの立法が行われていないということである。そこで、与党はただその議員の数だけで押しまくるという印象を与えるし、野党はこれに対して物理的に対抗するということになる。これでは、ほんとうの「多数決の原理」ではなく、「多数議員の原理」とでもいうほかはない。しかし、それなら、はじめから質議も討論も必要としないということになろう。

こういうわけで、お互に犯してはならないという自覚を生み出すような、法そのものの成立過程が弱いのである。法は、自分で作ったものではなく、天下りのものだという考えが、何とはなくまだ我々を支配している。要するに法律が我々の生活から浮いているのは、法律の製造元である国会の制度が、やはり形ばかりで中身は浮いている、というところからも来ているのである。「遵法運動」は、ほんとうの意味で、我々にはもっともっと必要である。

経済の感覚

経済についても或る程度までは同じようなことが言えるのである。経済とか経済学とかいうような一ばん生活そのものとぴったりくっついているはずの領域ですら、日本ではその経済の学問と経済生活とが、どこか離ればなれのところがあって、いわば経済学が身についていないと言うか、我々の血になっていないようなところがある。

経済とは言うまでもなくエコノミーの訳語として用いられてきた言葉で、エコノミーは本来は「節約」という意味に相違ないし、我々が「それは経済的だ」という時に意味するものから来たのであろうが、日本では経済学というおごそかな学問的な言葉の方にひきずられて、本来のエコノミーは非常に軽く見られ、それは国の経済などとは関係のないほんの個人的なこと、俗なこと、ケチなことだとして軽蔑《けいべつ》しているようなところがある。

ところが、国民個々の生活における節約は、企業にもってくると、経営や技術の合理化、コスト引下げ等を意味するであろうし、国としては貨幣価値の安定を柱にした適切な政策、そして時には国民生活緊縮の必要ということも意味するにちがいない。それがやがて資本の蓄積となり、そしてまたそれが結局は国民の生活を豊富にするということは、最も単純な経済の原則であろう。それは個人にとっては時には生活の厳しさであり、国民経済としてはいつも太平楽は許されないということ、耐乏の時代もあることを意味しよう。そういったことがピンときていないと、国民経済はいつでも成長のしっ放しでゆけると考え、国民に忍耐を要求しない財政政策となったりする。日本経済につねに付きまとっているインフレ傾向や公債政策などは、その辺にも土台があるのである。

話はまたまた道草を食うけれども、例えばスイスという小さな、山ばかりの、資源といっては一塊の鉄も石炭も持たない国が、どうして今日の富と高い生活水準をもつようになったかということを考えてみたい。それにはむろん、いろいろの理由はあろうが、やはり経済ということに対する国民の真面目な関心がその底にあると私は見ている。鉄や石炭などの原料はおろか、食料の一部までも輸入するこの国民は、当然に高いコストをもって仕事をしなければならぬ。精密工業の発達がそのバランスをとっているのであろうが、それにしても、国民の個人個人の生活が、ピッタリと計算された家計の上に立ち、豊かな人々も大して贅《ぜい》を尽さず、一般に無駄のない、見えをつくらぬ、規律のある勤倹生活がなかったら、それは到底不可能であったろう。山間の隅々までペーヴした自動車道路や、町ごとに見る多数の宏壮《こうそう》なホテルの建物は、永い間の蓄積の産物であり、それをこの国の人が「外国産業《フォーレン・インダストリー》」と呼んでいるように、本来美しい自然が、この産業投資によって一段と景観の美を高めているし、それが外客を呼んでこの国の富の一部を加えてゆく。国内の政情が安定し、社会に波風の少いこの国の現在では、政治は勢い経済問題に全力を集中することにあるように見えるし、貨幣価値の安定を中心に、経済政策に失敗しないということが、政府の最大関心事であり、国民もまた、如実に自分たちの生活に響いてくる国の経済政策を油断なく見守っている。

百年単位

こういう気風はむろんスイスばかりのことではない。ドイツやイギリスあたりでも、あまり大がわりはあるまい。家屋はもとよりであるが、器具や道具でも、物を買うときには生涯もたせるような積りで買うし、それだけに物を大事に手入れする。二、三日で壊れるようなガラクタをその場の間に合せで買込んでくる我々とはちがって、どんな小さなものまでも、無駄に買込まない代りに、買ったらなくさない積りでいるから、勢いどんなものでも「財産」という観念で取扱われるし、それがだんだん蓄積となってゆく。もし、住宅やその他の建造物、道路、交通機関、一切の公共設備、家財道具などに至るまで、その保つ寿命を日本のそれと比較して計算してみたなら、どれほど大きな相違が出てくることであろうか。私はときどきそれを考えさせられる。

そういったことは、地震とか、水とか、風とか、湿度といった条件のちがう風土によるところも多く、あながち考え方からばかり来るといえないことは、もちろんであろう。しかし、その依って来るところが何であるにしても、考え方がそういうふうになっているということは事実であるから、その事実はハッキリ摑んでおく必要がある。例えばその一つの事実として、いまの日本では経済という考えに「時間」という要素が非常に小さな重みでしか考えられていない。ほんの目先ばかりで暮しているようなところは、昔ながらであって、半永久的な社会投資と見るべき自動車道路などが、出来たと思うと、二、三年のうちに修理されたりして、あっちでも、こっちでも、道路は畑のように打ち返されているのは、何を意味するであろうか。経済学は普及していても、生活は経済学が教えるものとはだいぶ開きがあるように感じられる。

話は古いが、私は、あの戦争中に、ライプチッヒ郊外に完成されていた新しい図書館を見て、時間に対する考えの著しい違いを痛感したことがある。この図書館は、ワシントンのコングレス・ライブラリーにも匹敵するほどの大きなものであったが、二十五年ごとに巨大な書庫を一棟ずつ増築してゆく計画が、図書、雑誌、新聞の増加とにらみ合せて立てられていて、百年後の姿までが、きれいに設計されていた。その後の爆撃であるいはこれも無残なことになったかも知れないが、戦時中のあの多事のなかで、いわば百年単位でドイツ人は仕事をしていたのである。

こういう事情については、資本の大きさとか、蓄積とかが、すぐに問題になるわけだが、どこの国も初めから大きな資本をもっていたわけでもあるまい。イギリスの大きな辞書が時に数十年の計画で出版されることは一般の日本人にはあまり知られていない。オクスフォードN・E・Dという名で有名なイギリスの国語辞典は、最初に思いつかれたのが前世紀の一八五七年、そして最初の一部分が刊行されたのが一八八四年、数代にわたる編纂《へんさん》責任者を経て全十二巻が完成したのは一九二八年であった。日本の年代でいうと、安政四年に着想を得て、明治十七年に最初の一部が出版され、昭和三年に至って全巻が出来上ったというわけである。これはむろん経済だけの角度から見るべき問題ではない。が、何れにしても、それは稀にある例外を除くと、数年乃至は数カ月で辞典が濫造《らんぞう》され、そして場合によっては一回かぎり紙型まで捨てられてゆく日本の、特に最近の出版事業と比較すると、全く別の世界である。

これは経済ということの外に、国民の文化ということで深くして大きな問題を蔵しているのであるが、経済という観点だけからみても、我々日本人の生産活動が、いかにも眼の廻るほどの忙しさでありながら、どんなに無駄ばかりしているかということ、またいかに富の蓄積にはならない労働をやっているかということを考えさせる一例であろう。逆にいうと、二十日鼠が車を廻しているような、日本人の比類のない忙しさと騒々しさは、この賽《さい》ノ河原《かわら》の小石を積むような、蓄積にならない経済活動から来ているのだとも言えないことはあるまい。

一般的と例外

この戦争がすんで二年ほど後、私はケース一つひっさげて、スイスからロンドンに飛んだ。カバンの中には旅行用品のほかは煙草ばかり詰め込んでいた。というのは、私は出発少し前に、イギリスから帰ったばかりの友人の口から、イギリスでは煙草が不足していて一人一箱宛《ずつ》の統制売りになっているので、容易に買えないから持っていったがよかろうと聞いていたので、二カ月分ばかり用意したわけであった。ところが行ってみると、なんと大陸では手に入らぬ上等の両切が、煙草屋には山と積まれていて、もちろん幾らでも買える。つい少し前に、イギリスでは統制売りをやめて、その代りに一割ばかり値上げをしていたのである。あれほどの煙草喫《の》みのイギリス人が、ほんの少し値上げになったばかりに喫むのを手控えているのだということは、すぐに分ったわけだが、そのわけを説明しながらタイムズの幹部社員が、シガレット・ケースを開いて、私に両切をすすめる。そして語をついで真顔でいうことには、

「高くなってほんとに困ります」

と、こういう挨拶《あいさつ》であった。

当時イギリスは、まだ大部分のものが切符制で、どちらかというと、物は手に入らぬが、金は労働者でも余っていた時代であったが、それだのに比較的豊かな人の口から、こういうことを聞かされて、私は我々の財布はほんとに締りがないなアと、つくづく思ったことである。同じ条件のもとで煙草一割の値上げをやっても、日本では同じような反応は出てこないだろう。

経済学の祖国では、なるほど需要供給の法則が典型的に行われている、と私は失い物でも見つけ出したような気がしたことを思い出すのであるが、考えてみると、なるほどそうでなかったら、金利の僅《わず》かばかりの上げ下げが失業や就業にどう響くか、というような理窟を扱っている近代経済学は生れてこないはずで、反対にそうした経済学は、戦後四年たったいま、この貧乏のどん底にある国民経済のなかで、夜の電車は酒気紛々という光景を展開している奇異なる国では、なかなかピンとはこないはずである。

経済法則とか、経済の合理性とかいうことは、個人個人が合理的な生計の営みをやっていることを前提としているものに相違ない。一ヵ月の給料を合理的に割りふって、何がしかの貯蓄をして不時の必要にそなえ、何がしかを一ヵ年の間に貯めて冷蔵庫を買い込もうというハッキリした目標をもってやってゆくと、知人を夕食やお茶に招待できるのは月に何回ぐらい、と大体ながらも、ずいぶん窮屈なプランが出来てくるはずである。それが西洋の給料階級の普通の生活であろう。それは日本だってそうではないか、とすぐに抗議が出てくることであろうが、それが例外的であるか一般的であるかによって、大きな違いが出てくるのである。近ごろ、若い人たちが急にしぶいことを言いだしてきた傾きがあって、一つの流行のようにも見えるが、それが一時の反動であったり、または他人の迷惑においてやる戦後の利己的な考え方から来たのでなければよいが、と私は思う。

個人個人、家々の生計が合理的であるということは、社会の消費に合理性があるということであって、それはこの消費に対応する生産の合理性を導くことになろう。少しずつは変ってきているにちがいないが、日本の家庭ほど、物の役に立たぬガラクタを沢山もっている生活ぶりはない。こういった生活は、勢い、いつまでもガラクタを生産する経済を維持しつづけることになる。粗悪で、壊れやすく、その場しのぎの、安物をつくる経済、消費者にも生産者にも、結局において蓄積を妨げている特有の経済が、持続されることになろう。かくて日本の工業は、その商業的な側面に力コブがはいり、技術そのものを売物としなければならぬ本ものの工業は、なかなか進みかねているのである。

技術と経済

こういう次第で、わが国にも資本主義はいまや大いに展開し、労働者も、小商人も、夜昼なく働き、その労働の苦しさと時間の長い点では、どこの文明国の連中よりもえらい思いをしてきたわけで、資本も利潤をあげるにはあげて、一応は近代的な国民経済を営んではきたが、孜々《しし》として努めてきたその割合には資本の蓄積も小さく、道路も公共施設も貧弱極まる有様で、大衆個人個人の生活も一向にゆっくりするところまではこないというのが、今日までの日本であった。

こうした状況については、むろん、いろいろの点に理由を見出《みいだ》して説明することはできるだろう。軍国主義と戦争が重大な一因だったともいえるし、外国の強い資本に抑えられて伸びかねたともいえようが、こういったことを暫く措いて考えてみると、西洋諸国と比較していえる重要な一つのことは、個人や家庭の経済生活にはじまり、企業の活動ぶりを経て、国民経済の全体にひろがっている合理性の欠如、言いかえると「経済」というものに対する近代的な「感覚」を欠いているということであろうと思う。物質と人間と時間の不生産的な浪費が、その結果として出てきていることだけは、目をつぶることのできない事実ではあるまいか。——

身辺をかえりみても、気づくことが幾らもある。何よりも、なんという規律のない執務状態であろうか。訪問や会談の、なんと冗漫で、秩序がなく、時間を食うことであろうか。官庁や新聞社など、なんと厖大《ぼうだい》な従業員数であろう。それは世界に比類を見ないものだ。企業と企業の間では、社会的には全く意味のない激甚な競争をやっている。その競争のやり方は、技術を進め、商品の質やサーヴィスを向上する方向には、向ってはいない。宴会や贈賄の多いことも類があるまい。それが産業の費用を高め、商品のコストを大きくふくらませているような国が、ほかにあるであろうか。そしてその国民経済が小さいのに、消費生活の面は、料亭、待合、キャバレー、バー、カフェー等々の数のすばらしく多いこと、これは日本の都会の特徴である。それもさすがに飽和状態を越えると、こんどはあっちもこっちも観光観光で、急ぐこともない国内観光の施設で国中がいっぱいになりそうである。もちろん私は、こういった不均衡で不安定な調子が、長く続きうるものとは思わないけれども、それと気がつくときは、国民生活としては、ずいぶん不経済をやったあとだということになろう。

こうしたことのすべては、この国民の経済生活が、経済学がヨーロッパで生れるときに既にもっていた精神とは、どこか調子のちがう土台の上に立っているからであろう。その経済学は、例えば財政の方式や、租税の形式をつくり上げるのには、大いに役立ったに相違ないが、租税として集まってくる収入の使い方ということになると、もう経済の合理性を踏みはずしているようなところが多い。

国民の富が、過去においては、たしかに大部分陸海軍の人間と機構とを養うために使われたということは間違いないが、戦争というものを捨てた今日においても、税収は、国としても、地方自治体としても、国民の道路や公共施設になる部分は比較的に少く、中央も地方も、役所の大きな機構と多数の人間を養うことに使い果されているようだ。道路も水道もいい加減のまま、各都市の市庁舎だけは申し分のないほどモダンなものが建ってゆく。社会経済としては逆立しているようなものである。日本の経済は、建築や造船や機械一般にわたる技術の側面は、可なりの成功をおさめつつあるが、経済学という学問が本来もっている効力は、こうした工学や技術の成功にもかかわらず、それに比例するほど国民の幸福を増進させはしなかったようである。

学問と生活の距離

法律と経済について、少々話が長引いてしまったが、法律も経済も、日常の生活の内容となっているものではあるし、またこれに関する学問が日本にはいって来てから随分永いことでもあるから、それはもう、とっくに、日本の生活にぴったりしていると考えられてきたようであるが、その学問と国民生活との間には、以上に話してきたような開きが残っている。この開きが、社会的な思想や学問と社会的事実との間では、とくに大きいことは前に述べたところであるが、こういうふうに学問は学問、生活は生活という調子で、学問と生活がぴったりしないということは、国民の生活が学問と手を組んで仲よく一緒に進んでゆかないということであるから、観念的にはいろいろなことが頭の中を往来するのに、生活はいわば旧態依然で、不合理と思われたり、辛抱しかねると考えるようなことも、なかなか清算されずに続くということになる。そこで、こうした学問と生活の分裂は、国民にはずいぶん鬱陶《うっとう》しい気分をかもし出させるし、そこに、一つの危険を潜在させることになる。

大正末期から昭和にかけての日本の社会の鬱陶しさは、ここにも一つの根があったといってよかろう。

戦前の教育

ところで、日本の教育は、こういった環境の中で遂行されねばならなかった。しかし、この時代の教育に、いまここで取上げている問題——すなわち学問と生活の間の間隙《かんげき》を埋めるという課題——を果させることは、まったく不可能なことであった。それどころか、日本の教育は、この課題を意識もしなかったし、むしろかえって問題を大きくするはたらきをしたかも知れない。

というのは、日本の戦前の教育は、何よりも第一に、国家主義に奉仕しなければならぬ侍女のようなものであった。というよりも、若い国家主義を育てる保姆《ほぼ》として、そのお守役をつとめねばならなかった。それと同時にその教育は、この国家と手を携えている社会という環境のなかで、その仕事をしなければならなかった。国家が強権的にできているときには、その社会もまた、同じような過去の因縁から、いろいろの癖をもっているものである。そういうことを考えると、教育というものも、なかなか運命的なもので、政治と社会の複雑に入り組んだなかで、いろいろの制約を受けながら、その仕事をしているということになるし、まったく自由に、何のこだわりもなく、理想に向うということは、今日までの場合、この日本ではほとんど出来ぬ相談であったということになろう。

しかし、戦前の教育と、国家や社会との間のつながりが、どんなものであったか、したがって戦前の教育がどんなものであったかということだけは、こんどの敗戦を機として、国民の前に相当にはっきりと曝《さら》け出された。それは、戦後の転換のうちでも、最も大きな、肝腎《かんじん》カナメの点になっているのである。

そこでいま、ほんのしばらく、この戦前の教育の方向が一体どんなものであったかを、国家と社会との関連のなかで顧みておくことにしよう。

言うまでもなく、今からみると、この我々の知的世界の正常な展開には大いに邪魔になった国家主義であったが、もしその国家主義が相当強力なものでなかったら、明治初年から今日に至るような日本の急速な発展は、ともかくも出来なかったに相違ないのである。歴史はなかなか微妙なものであり、いたずらっぽいものでもあって、また大変な無駄骨を折らせたりするものであるが、今からみて悪と見える過程が、まったく無くては済まされなかったという巡り合せにもなっていることが多いものである。この、明治から戦前までの日本の国家主義などは、その典型的なもので、これなくしては、あの時代に日本の発展はなかったわけであるが、しかしこのために日本の社会も学問も、随分いびつなものとならざるを得なかった。しかし今となって考えるからには、その間の関係をできる限り正確にピンセットの先でよく選りわけることによって、何が、どういう事情で、マイナスになってきたかを突きとめて、そして今後の我々の進み方をきめてゆくほかはないのである。

こういう意味で、ここで中心の問題となってくるのは、ほかでもなく明治の憲法と教育勅語とであろう。これが、明治以来の日本の国家と教育に対する二本の柱となって、良きも、悪《あ》しきも、二つとものの作用をしながら、今日の日本を作ってきたといえるのである。

教育の淵源

その明治憲法のことは、いまさらのことではないが、この憲法の下で、明治、大正、昭和の日本国民を作りあげるのに、教育勅語が演じた役割は、実に非常なもので、その事情はここで、簡単ながらつきとめておく必要がある。

周知のように、教育勅語は、実際には元田永孚《もとだながざね》と井上毅《いのうえこわし》の協力によって草案が作成されたもので、天皇が直接に国民に下賜される聖諭ということであるから、その作成は非常に慎重に行われたものであった。ことに、当時として進歩的立場の人であった井上毅は、その草案起草に当って驚くほど細心の注意を払った。

例えば、立憲政体下の君主というものは、臣民の良心の自由には干渉しないものであるとか、宗教や哲学上の論争の種になるような文字は避けねばならぬとか、それから「政治上の臭味《くさみ》」があってはむろんいけないし、「漢学の口吻《こうふん》」が残ってもよくない、また「洋風の気習」を出してもいけないとか、総じて君主の訓戒というものは「大海の水」のようでなくてはならぬというのが、これを書くときの心掛けとされたことであった。したがって、その出来ばえは、当時としては非常に立派なもので、またこれほどの成功をおさめたものも外にはほとんどなかったろう。その掲げている徳目も、朱子《しゅし》家訓風の日常生活の軌範となるものから、近代ヨーロッパの社会的な軌範ともいうべき博愛、公益、知能の啓発、等々、あまねく行きわたっているし、そういう文句や観念がどこから出たか、そのオリジンの形跡も見せないように、周到に書き上げられていた。

しかし、そこまで綿密な注意が配られているにもかかわらず、「皇祖皇宗……」という森厳な文字にはじまるその雰囲気は、明治憲法の前文にはっきり出ている神勅主権の考えと同様に、国民を皇祖の崇拝に導くことは間違いのないことで、したがって国家宗教と見られる神道とつながることはむろんのこと、それはやがてそこから天皇の神格化が行われる端緒を開くことになってくる。それはまた「一旦《いったん》緩急アレバ義勇公ニ奉ジ」というわけで、国家至上のまえには個人も社会も軽視される強権的国家主義を、結局は「教育ノ淵源」とすることになった。ここに、明治の教育の向うところが、文字の上でもはっきりと示された。

その上、この教育勅語の実際上の取扱いが、ここでは重要な意味をもった。というのは、この教育勅語の奉戴《ほうたい》ということは、全国すべての学校における最も重要かつ厳粛な行事とされた。そして、「拳々服膺《けんけんふくよう》」の結果もあって、勅語の信奉は絶対的なものとして、国民に深い印象を焼きつけた。こうした教育方針にあらわれたこの国家主義は、一天万乗の君主、その祖宗への信倚《しんい》ということで、ほとんど国民にはそれと気づかせぬうちに半ば宗教的な色彩にいろどられた。そこで、これがあれば、実は他の一切のナショナリズムの思想も不必要となってくる。というよりは、やがてこうした国家主義以外の思想の存立はあまり好ましくない、ということにならないわけにはゆかなくなってくるのである。

裏と表

これが、国家主義と教育との強い結びつきであって、教育はこうした考え方を動かぬ柱として、明治中期から大正、昭和へとつづけられた。これは、さっきもいう通り当時としては大きな成功で、これによって日本としては、まださしたる国力もないのに、日清、日露の戦争を乗切って飛躍してゆくだけの、大きなエネルギーを展開することができた。しかし、しばらくすると、同じことが反対の効果を生みだしてきた。それは、その国家体制を強調しつづけることによって、こんどは却《かえ》って自分自身をまったく融通のきかないほど硬化させてしまい、天皇の神格化と軍部官僚の権力化を呼び出し、それがみずから国の危機を生むことになってきた。そしてその危機がつのればつのるほど、それはまたハネ返って、国家主義をいよいよ強烈なものにしないではおかない。こうなると、もうほかの思想を容れる寛容さなどはどんどん失われてくる。これが太平洋戦争までの動きであったと言ってよかろう。

こういう情勢の中では、例えば日本歴史の知識も神話の形になって学問的冷静を失ってくるし、これまで流入していた西洋近代の社会的な学問が紹介してきたいろいろの観念、例えば自由とか、平等とか、個人とか、合理性とかいった観念まで、できるだけ国民の生活には近寄らないように、遠くへと押しやられてきたのも当然だといわねばならぬし、またこの空気の中で、学問や研究が具体的になることを邪魔されて、抽象的に止まることにもなったし、それはいよいよ生活に根を下ろしかねるような結果となったのであろう。

知らぬは亭主ばかりなりで、こうした教育が危険だということは、いまから四十年も前に（大正十五年）、バートランド・ラッセルが取上げていたのである。その教育論（On Education）のなかで、ラッセルは次のようにいっている――

「あらゆる列強のなかにみられるひとつの傾向ではあるが、近代の日本は、国家の偉大を教育の最高目的とする事例を、どこの国よりも明瞭《めいりょう》に示している。日本の教育の目的は、情熱の訓練を通じて、国家のために命を投げだし、身につけた知識を通じて国家のためにお役にたつ市民をつくることである。この二重の目的を追求するその巧妙さは、感服してもし切れないほどである。……神道は、ちょうど聖書の創世記とおなじように疑わしい歴史を内容としているものであるが、大学の教授ですら、これには疑問をさしはさんではならない。日本における神学的な専制にくらべれば、デイトン裁判★などは、とるに足りない。これに劣らぬ倫理的な専制もある。国家主義、親孝行、天皇崇拝などは、決して疑いをさしはさんではいけないものであり、したがって、多くの進歩がむつかしくなる。このような鉄の制度がもつ大きな危険は、進歩のための唯一の方法として、革命をひき起すかも知れぬということである。……」

★アメリカのデイトン市で、高校の理科の先生が州法律で禁じられた「進化論」を教えて問題になり、判決をうけた。

危険は、ラッセルが言ったように革命には至らなかったが、戦争へと向っていった。ただここで我々が自ら注意しておきたいのは、こうした強力な国家と教育のワクのなかに住んでいると、井戸の中の蛙《かわず》ではないが、自分が一体どんなところに居るのか、その位置すらが、わからなくなるということである。

坂の多い社会

明治から戦前までの日本の教育は、こうした暗さに包まれていた。それは、明治の政治体制と、がっちりと手をつないできたものであったが、明治以来の日本の社会もまた、同じような基調に立っていたのは止むを得ないことであったろう。ただ我々の眼には、これも実体よりは、はるかに近代的なもののように映っていたようである。

たしかに士農工商が廃されたからには、四民平等な社会となるはずであるが、気分の上でも、また実際の行動の上でも、いわゆる官尊民卑は暫くは濃厚に残った。官というのは、その実体として徳川時代の武士階級の変り身であり、民というのは同じく農工商の農民町人であって、その古い階級的対立のつづきである。それは次第に稀薄《きはく》にはなってきたが、なかなか拭《ぬぐ》い取ったようには消えてなくならない。この社会の領域では、戦後の今日までもそれはまだ尾を引いているのである。戦前も昭和に入ってから、逆に尻上《しりあ》がりに盛り上っていった軍部官僚の権勢こそ、敗戦と同時に消えてなくなったが、これと対蹠《たいしょ》的な関係にある「民間」という言葉は、いまもってなくならない。戦前の、上下の段階のある社会のイメージは、まだそこに残っているのである。

それからもう一つ。平生はあまり気づかないことが、この社会のどこかにひそんでいて、時々我々の心理の中を、旧い旧い時代の亡霊が、かすめて通ることがある。……

いまだに「わたし」は、「俺」といっては得意になったり、「手前」といってはへり下だり、友達にあえば「僕」という。同じ自分についてたくさんの言い表わし方がある。同様に種々様々の「あなた」がある。「お前」と相手を低く呼びすてたり、「君」と呼んでも、呼ぶ人によって相手の位置が下がったりする。「あなた様」とか、「こちら様」とかいって、自分の位置を低くする言い方もある。いろいろの人に会って一言を発するごとに、自分の立つ場所が、上がったり、下がったりする社会が、意識の下にまだひそんでいる。この社会は、I《アイ》とYou《ユー》とが、対等の両極として、同じ高さのフローワに立って、言葉使いに差別なく、平気で交渉してゆける社会ではない。どこかにデコボコのある、坂の多い社会である。もちろん西ヨーロッパの都市生活とはちがった発展を辿《たど》ってきている日本に、同じ姿の「市民」が成立しよう道理はないが、現代の欧米の市民がどこに行っても、誰れに対しても、「対等」の気持を内にもっているその雰囲気は、よく考えてみると、この日本には稀薄である。

また前にも書いたように「義理」が押し寄せてきてからみついたり、「法律」が逃げ出すこともないではない。あるいはまた、「義理」も欠かさず「法律」も守らねばならぬといった、新旧の錯綜《さくそう》した二重の社会的な規範が、まだここにはある。

新しい教育は、こういう社会で行われねばならぬわけだが、その教育が行われる場は、すでに近代社会が自明の姿で確立しているわけではない。仮りに学校や教師の側には、これを授ける十分の用意があると仮定しても、その学校で教わってくるものが、帰りの街や電車の中、または家庭の中でも、容赦なくぶち壊されるというような環境のなかで、新しい教育が行われねばならないのである。教え導く側の大人の方にはただ頭の中にあるに過ぎないものを、子供たちには実践するように要求するというわけである。

なるほど教育というからには、どこの先進の国でも、教育の理想とされるものと現実との間には多少の開きはあるはずであろうし、その開きを埋めるのが抑《そも》そも教育というものではあろう。しかし、生活に連続性があり、伝統の流れの強い国では、またその伝統が雪達磨《だるま》をころがすように不断に大きく成長してゆく国では、大人はただ身をもって子供に教えてゆくことができる。ちょうど、白髪まじりの先輩が、母校短艇部の一大事とばかりに馳《は》せ参じて、若者を叱咤《しった》しながら昔とったオールを握ってコーチにつくようなもので、代々の大人が少しずつ作り上げていった社会と学校のなかで、子供が育ってゆく。そういう国でも時に改革の必要がないとは言えないが、改革するにしてもそこには土台があるわけであって、土台そのものからの切り替えではない。

ところが、いま日本の教育に課せられている問題は、ほかでもなく、この土台の切り替えをふくんでいるのである。

数々の欠陥

さて新しい教育や、新しい考え方の問題に入る前に、もう一度、我々の痛いところを総括しておこう。

例えば、我々の考え方や生活の仕方のなかには、多分に「合理性」を欠くものがあるということは、これはもう今日までに嫌というほど指摘されてきた。しかし合理的でないといっても、これは相対的なことであって、ほかの国民との比較の問題であることは言うまでもない。我々が合理的に考えることができないというのではなく、考えの中で、もうひときわ合理性を押し通そうとしないということで、それは感性的な世界に強く引かれるものにはありがちのことであるし、また前に述べた義理人情というような旧い社会生活の気分が残っている限りは、ものを理窟で割り切ることにはいろいろの障害がつきまとう。

理由はそんなところにあろうが、結果として合理性が弱いということは、勢い判断がバランスを失いがちになる。ものごとの大小軽重を判断して、それに応じて対処するのは、ごく普通のことであるが、その計量が狂ったり、目の前近くあらわれるものばかりを重視することになると、小さく軽い問題が大きく見えたり、大問題にそれ相応の関心を払わなかったりすることになる。そうして出来上った世界像は、バランスを失ったものになろうし、それでは事実に即した世界を把持することになるまい。

この問題は、そのまま自主性の喪失といったことにも関わりがあろう。文化の受容ということでも、受入れる対象の力に押されてそのまま取入れてしまうか、それとも、これを変容して自分の考えに調和させたり、また自分の世界のなかで然《しか》るべき地位を与えたりして、いわばこれを消化させるか、そのどちらを取るかによって、自分を失うことにもなるし、自分を豊富にすることにもなる。自主性を失わずに自分を豊富にするには、自分の調理法をもつことが必要である。これを調理し、摂取し、消化させ、新しいエネルギーに変えることができれば、自分の力は拡充する。そうでなかったら、模倣はできようが、創造はできない。

実践問題についてもこれは同じであって、例えば、中国との永い関係を考えてみても、日本がついに中国と不幸な状況に突入していったのも、結局は中国の重みに引ずり込まれたようなものである。また国内であれほど威張っていた日本の軍部が、枢軸ドイツに対する外交で示した態度には、まったく自己というものがなかった。自分自身を十二分に信頼もせず、また自ら努力することもしないで、大ざっぱに、もう考える余地はないとばかりに、実際は成行きまかせで流されながら、それを現実直視だなドと主張して飛込んでいったのが、ほかならぬ日独伊同盟であったが、いかにも日本らしい欠陥のまざまざと出た行動であったと反省される。

またこれと同じような心理として、敵が出てくると衝動的にカンカンになって激しく闘うが、そういう相手がない場合には、喧嘩相手を失った怠け坊主のように、勉強には身がはいらないというような気味がある。どうも、自分でひとりコツコツと積み重ねながら結局は何かを創り出すというような行き方は苦手で、いつも相手によって動き、結局は相手に振り廻されているようなところがあるのは、やはり自主性を欠いているということではあるまいか。

夢みる人

さらにまた、こうした性格と引離しがたい関連があるように思われることは、我々の考え方が現実的でなく、ある意味で観念的であるということである。とはいえ、それはドイツ人が観念的であるというのとは、また調子が違っていて、ドイツ人のように現実離れはしていても自分で作った観念に従って生きているという行き方ではない。観念的といっても、ものの本体というような意味の観念をもっているというわけではなく、その観念が論理的に構成されているというわけでもない。戦争中の合言葉であった「八紘一宇《はっこういちう》」だとか、「必勝の信念」だとかが、いわば、日本的な観念の型の一つであって、それは論理的に把えられた観念ではなく、漠然とした単なる気分であり、でなければ心構えといったもので、殆《ほと》んど概念のない、いわば単なる言葉にすぎない。現実を見つめて、その現実から引出してきた言葉ではなく、現実からは浮いた言葉であり、希望の表明である。こうして、言葉を通して一つの気分に生きているようなところがある。

林語堂《りんごどう》はかつてその著書のなかで、日本人の性格をdreamer（夢みる人）といって、中国人の実際的な性格と対照しているが、中国人に対比しても、西欧人に比較しても、日本人は遥《はる》かに多く夢を追う国民であり、気分に生きている国民といえるだろう。むろん、そういった気分が、あながち何時でもよくないということはいえないのであって、例えば俳句や和歌による詩の世界が、ひろく庶民階級のものになっているというような状況は、恐らく他の国には見られないことであろう。こういったことなどは、確かにそのよい面のあらわれに相違ないと思われるが、しかし何時でも風流三昧《ざんまい》で、「粋が身を食う」ことになるのでは困ろう。また政治とか経済とかいう現実的な問題に、夢や気分が混同して、計算抜きということになるのでは困る。自分の方から仕掛けた太平洋戦争なども、やむにやまれぬ大和《やまと》魂と言いたいところであろうが、そのことが実は計算抜きの一面ではなかったか。

教育の効果

かように見てくると、我々が個人的にも、また国民的にも持っている性癖や欠陥は、ずいぶん根深いものがある。むろんそれも、以上に取上げた二、三の点で尽きるわけでもない。しかし、こういういろいろの欠陥は、直ちに我々に希望を失わせることではあるまい。というのは、何よりも先ず、いままでのところ、我々は自分自身の重大な欠点についてハッキリした反省をもっていなかったのであるから、これでは改良も改善も、はじめからむつかしかったと言わねばならぬ。それればかりでなく、少くとも、戦争中までは、国民としては、根本から反省してみるということも、ほとんどできない環境にあったし、自由な批判的な考え方も、やはり狭い枠を出ることがむつかしかった。

そして考えてみると、こういうふうに、我々が追込まれていたのも、明治以来の教育の結果であった。また反対に、封建時代を抜け出たばかりの日本国民に、日清、日露の冒険を敢えてさせ、そして半世紀そこらのうちに明治から大正にかけての絶頂の時代を築かせ、「巌《いわお》となりて苔《こけ》のむすまで」の強さを感ずるほど成長させたのも、ほかならぬ教育の効果であった。これは、よかれあしかれ、日本の国民が、いかに教育して教育の仕甲斐《しがい》のある国民であるか、という一面を語るものではなかろうか。そしてまた、このことは、教育の目標や方法によっては、この国民が新しい発展を遂げ得るということを決して拒むものではあるまい。要するに教育の相手方としては、わが国民が、すこぶる柔軟な素地をもっているということを、明治以来の歴史が語っているといってよいのである。

国民の分裂

さて、反省も、批判も、限りのないことではあるが、もうこの辺で我々は、積極的な問題に転じても遅くはあるまい。——

前に述べたように、過去における我々の考え方が、文学や芸術の領域では長い伝統があって、大きく深い流れをもっているけれども、近代的な学問や理論的な思考については、我国はむしろ処女地の観を呈していた。そこで明治維新の前後から、この日本にはいり込んできた思想や学問は、あまり加工もされず、手を加えられずに、それぞれの思想的な産物が、いわば並列、共存し、かつその古いものから新しいものに至るまで、層をなして重畳している。これをよく消化させる方法がなかったら、わが国はこれらの西洋思想の博物館の観を呈するばかりであろう。またそれでは、国民各個は、それぞれの移入思想のうち自分の興味を引かれるものを自分の考えとすることになるから、国民の考えに分裂と相違がひどくなろうし、極端にいえば、国民としてはバラバラということになろう。事実、いま、そういう傾向がある。それも、戦前の場合なら、国家的立場が強権的に押しつけられたから、少くとも表面上だけは、そこに同意と共感の空気があった。マルキシズムのごときは、ただの思想としても、表向きの場所には出ることができなかった。ところが、いまはその辺は自由になった。自由であるのはよいが、その国民のバラバラの傾向は、現に各方面に見られる通りで、例えば国会の騒々しい状況を見ても、互に討議し談合するのに最少限度必要な共感がない。むろん政党は、それが代表する階層や民衆群の利害を代弁することによって、互に対立するのは当然のことであるが、もし国民的に共通の考え方があれば、利害の相異などは時と場合で越えられない問題ではない。ところがいまの実際を見ると、政党は思想的に、根本的に、互に相容れないものとして、まったく粗野なかたちで激しく対立している。いわゆる国民的共感《ナショナル・コンセンサス》が、完全に欠けているのである。

　問題はむろん政治の場だけにあるのではない。こうした分裂状況は、我々が平生の生活の中で、不断にものごとを判断するときに、その考え方として一つの共通の思考形式《フォーム》がないところからくるのであって、そのために、たとえば社会主義という考えをとってみると、それが動かぬ固定した体系としてしか目に映じないのである。社会主義が目指している目的を達することができればそれでよいとして、固定した考え方を取くずして、その大切な部分を自分の考え方の中に取入れるということができれば、敢えて一定の社会主義体系を後生大事に抱いている必要はないわけであるが、自分の考え方がない以上は、既成の考えを鵜呑《うの》みにするほかはないのである。これでは、宗教的信条を抱き込んでいるのと変るところはない。相手方と話し合うことは頗る困難になるし、およそ政治的な妥協が、できなくなる。

国民的共感の基礎がないということは、悲劇とすらいうべきである。

科学の時代

もちろん、国民が同じ思考形式をもつといっても、これは強制によって与えられるような、そういう性質のものではない。いわば国民がおのずから摑むはずのものであって、それに対していくらかの助言がされ得るだけのものであろう。ただそれは、現代の世界が共通に近いかたちで到達している思想状況と、あまり無理なく相容れるものでなくてはなるまい。

そこで私は、結論的に話を進めてゆこうと思うが、一言をもっていえば、現代はもう、十九世紀的なイデオロギーや歴史哲学の時代は過ぎて、平たくいって「科学の時代」になっているということだけは、大観して間違いがないといえるのではあるまいか。自然科学はもとより、社会的ないろいろな科学が、いまではその背後に何ら神や哲学やその他メタフィジカルな後光をもたずに、ひとりで自立している時代である。科学が哲学に依存する時代がすぎて、反対に哲学のごときものが、かえって科学に依存しようとする時代である。バートランド・ラッセルが、自分の哲学を「四つの異なる科学、すなわち物理学と生理学と心理学と数学的論理学との綜合から生れた」と言っているのは、この科学の時代を告げる一つの象徴的な事実であろうと、私は見ている。

こうして、いまの時代では、我々は、それぞれの科学がもたらす「真理」を信頼して、これを実践の領域に適用している。いうまでもなく、この科学そのものも未完成なものであって、科学の内部でもまだ幾らも論争を残しているが、いまはこれらの諸科学よりほかに、我々は、我々の知識の源泉を求めることはできない。それに較べると、十九世紀生れのドイツ風のイデオロギーは、ヘーゲルにしても、マルクスにしても、いずれも世界を総括的に一つの体系の中で説明しようとしたものであるが、いまの科学の立場からは、こうしたイデオロギーのなかに部分的な真理があることは承認するとしても、それが世界と世界の動きの全体を説明するものとしては、いまや支持し難いものとなっている。

科学の性格

　ただ、科学は、すべて抽象的なものであるから、それが主張しうる真理は、ある一定の、限定された条件の上に立っているということは、恐らく誰れにも異論のないところであろう。しかし、もう一つ、この科学について重要なことは、科学はそれぞれ独立のもので、一つの科学と他の科学との間には、原則的に橋渡しができないということである。言いかえると、科学には寄りかかる背後がなく、科学と科学との間には、論理的な連関がないということ、それぞれの科学は別の平面上にあるということである。例えば、経済学と物理学と心理学……との間を、互に連絡し往来しあえるような橋はないのであって、それぞれが独立なものである。ということは、我々はいま、非常に発達した内容をもついろいろの科学をもっているけれども、それらたくさんの科学は、いわばバラバラであるということは、これを認めないわけにはゆかないということである。

　しかし我々が、何らかの具体的な事象を観察して、その「真実」を摑もうとするときには、我々は、この本来はバラバラであるいろいろの科学にもとづく各種の知識を、そこに適用するほかはない。こういうと、如何《いか》にもしかつめらしく聞こえるけれども、実際に我々は、この日常生活のなかで、ほんの小さなことでも何かを判断しようとするときには、多かれ少かれ、こういった頭の動かし方をしているのである。自分一人で、その知識をもち合せないときには、新聞記者がよくやるように、そこに専門家を動員してくる。専門家は、それぞれの立場から、自分の判断を下す。こうして集められ、適用される知識は、それぞれのその源泉となっている科学とは厳密に連なっていなくてはならないが、専門のちがう知識と知識との間には、直接の関連がない。やはり、バラバラである。

……例えば、列車の二重衝突事件が起ったとする。これを調査するのに、機械や電気の純粋な技術の領域、ダイヤの密度そのほか経営技術の領域、運転士や従業員の心理状態、同じくその就業状況や生活条件、等々、……いろいろの視点から、照明をあててみねばなるまい。その照明される場所は、それぞれちがっている。照明はこうしてたくさんの視点がこの出来事にむけて投げかけられているが、その視点と視点との間には、直接の統一というものはない。ということは、これらのいろいろの知識と知識の間を、論理的に筋を追うて、一本につなぐことはできないということである。そこで、最後にこの出来事の「真実」をつかむには、これらの知識を適用して調査研究している複数の人間、またはその中の中心にいる一人が、それぞれの部門部門が出している結論といったところを自分の頭で綜合する。その綜合判断は、必ずしも隅々まで合理的に割り切れるものとは限らない。何れにしろ、この最後に判断する人間は、それが誰れであろうと、多分に不合理性をもった、しかし統一のある不可分の人格である。その人間が、この主体が、最後的には判断の責任をとるより外に方法はないのである。

いかにもやかましい話のようだが、実はこれは、我々が、平生ものの判断をするときには、何につけ平気でやってのけていることである。ただそのやり方には、精粗濃淡さまざまあって、またやる人によって、その結果は、ピンからキリまで、高低の差があり得るというわけである。

ソ連もまた

ここまで述べてくると、読者はもうとっくにお気付きのはずであるが、こうした考え方、摑み方は、前に私がイギリス人の常識的な知識の型として述べたところと、同じ類型に属するといって差支えない。しかし、この行き方は、一方にいまや「科学」の圧倒的な発達を前提し、他方にドイツ風のイデオロギーや歴史哲学的なものの考え方が早や過去のものだということを承認するならば、当然の帰結というほかはないものである。

これについて第一に指摘しておかねばならぬのは、イデオロギーの本山であるソヴィエット・ロシアの考え方が、フルシチョフの時代を転機として著しく変ってきたということである。周知のように、フルシチョフの時代に本格に打出されてきた「平和共存」というような考えも、いわゆるマルクス・レーニン主義の考え方からは出てきようのないもので、それは、核時代の異常な危険、言葉をかえれば国際情勢の緊迫に対処する、いわば常識的な考えから出たものである。比喩《ひゆ》的にいってみれば……いま自分の歩いている道の前面が、山崩れで岩がなだれ落ちているというときには、これを避けて廻り道をするよりほかに、現実的な人間の歩き方はないではないか、ということであろう。この考え方は、いまのような核兵器下の国際情勢の中では、何らかの包括的なイデオロギーを形式的に適用するだけでは、現実の問題は危険で解けるものではないという考え方である。これはまた、イデオロギーによる考え方ではなく、現代の科学的な考え方を実際生活に適用してゆくときの、極めて普通の、安全な、怪我のない歩き方に相違ない。

こうした考え方が、この国の経済のやり方の中にも、いろいろと出てきたように私は思う。それは一見、資本主義的な方式に還るのかとも見えかねない行き方であるが、むろんそういうことを意図したのではなく、ただ現実のむつかしい事態にぶち当って、最も能率的な、そして現在のロシアの人たちの性情にも合って無理の少いやり方で、生産を行う方式を模索している姿であろうと私は思う。したがってそれは、イデオロギーなどにはあまりこだわりなく、いわば自由に道を進めている姿と見るべきものである。

そしてそれはまったく当然のことであって、もともと革命を遂行することはマルクス・レーニン的なイデオロギーでやったにしても、革命後の一切の政策までが当初からイデオロギーの中にたたみ込まれていたわけではない。資本家や地主や貴族たちを追放して、いままでの生産方式を一度くつがえしてしまうまでは革命のプログラムでやれるとしても、そのあとのやり方は、おのずから現実と取っ組んでみるよりほか発見の方法はないことで、そこで格闘したり妥協したりすることになるのは当然であろう。そしてその際、頼りとされる考え方は、結局いろいろの科学的知識を適用して最善の方法を見出すということ以外にはなかろう。いまのソ連では自然科学の勉強が旺《おう》盛《せい》に進められていると聞いているが、自然科学の進展はますますこういった考え方を、無意識のうちにも進めてゆくことになろう。

ただこういうふうに、その中身は、じりじりとイデオロギーから「科学」的な考え方へと変ってゆくにしても、この国がマルクス・レーニン主義の金看板を引下ろすようなことは当面あり得ることではないが、それもまた当然のことであって、少しも矛盾などと考える必要はない。それはちょうど、三河屋《みかわや》さんが、とっくに三州味噌《みそ》ばかりは売らないで、今や酒でも罐詰《かん》でも何でも売る、何でも屋になっていても、先祖の出身からきた屋号を後生大事にして、決して越後屋《えちごや》とは看板を変えないのと同じであろう。またそれは、現在の西ドイツの社会民主党の考えが、カウツキーの時代からみてすら、一転し、再転して、かつてのイデオロギー風の考え方からは、およそ遠ざかってきて、「民主主義」に力点のある現代風の政党になり、ほとんどむかしのマルクス主義ではなくなってきていても、社会民主党の名は変えないのと異るところはなかろう。――

私がさきに、こうした科学に根柢をおく考え方が「現代の世界が共通に近いかたちで到達している思想状況と無理なく相容れるもの」といったのも、こういう意味であることを、ご諒察《りょうさつ》ねがえようかと思う。

人間中心の考え

ただここで、もう一つ強調しておかねばならぬことは、こうした行き方では、いわば個人個人が思想や考えの主体となり、これを支える支柱とならざるを得ないということである。そのさい科学的知識は道具であって、その道具を用いてギリギリまで攻め立て、そして最後の判断をやるのは人間ということになる。その人間が、結局において、そこに出てきた考えを支えるのであるから、この思惟の形式は人間中心の考え方ともいえるし、主体的な考えのもち方ともいえる。したがって、こうしてできた自分の考えに対して、責任はその主体、すなわち自分自身が負うことになる。これは、イデオロギーや既成の大きな思想をそのまま信奉する立場が、イデオロギーに依拠し、依存して、責任は思想に負わせることになるのとは、ちょうど反対である。

ここでもう一つ忘れてならないのは、イデオロギーに依存するのとはちがって、こうした考えを保持してゆくには、事実の推移や動きに対応して、休むひまもない常なる勉強、常なる努力が、要求されるということである。

それと同時に、こうした主体たる各人は、少しずつ違った考えを抱いているということになるが、それはやむを得ないことであり、そこに個性もあり、人格もある。そしてそのためにこそ、デモクラシーによって事を運ぶことの必要が出てくるのである。そ少しずつ違った意見をもつ者が、互に話し合うことによって、自分の責任において、互に接近し得るものは接近し、妥協のできるものは妥協するというのが、政治形態としてのデモクラシーの思想的な前提であろう。

こういった思考の方法をいま私が提起するのは、科学の上に立つ現代としては、これ以外に、天来の考えなどはあり得ないからであるが、それも、第一には、我々日本人が、今日までに我国に流入している思想や学問をもう一度見直し、また今後もはいってくる思惟の所産を消化させるに当って、そこに適用さるべき唯一の考え方であり、第二には、そういった学問的な高い仕事でなくても、不断に起ってくる世事一般の事象に対する考え方の用意でもあるからである。

地曳き網の底

ものごとは、多くの場合、特徴が同時に欠点であり、また欠点が長所であることが多いのであるが、これまで問題にしてきた文化の流入についても、そのことが言えそうである。日本ほど各種各様の文化が流入してきた国はあるまい。それは、日本の歴史的、地理的な位置からも来ただろうし、また日本人が新しいものに対してもつ異常《じ》な好奇心にもよるのであろうが、古い時代から今日に至るまでの日本には、まるで地曳《び》き網の底のように、ありとあらゆる世界の文化所産が溜《たま》っている。一切のものがここまで来て、これから外には流れ出ず、ここにとどまっている。これは巨大な文化的資産である。そこで、それをどう処理するかによって、いわば日本の運命は分かれるようなものであろう。はじめから一定の思考形式をもち堅く固定しているような国には、こんなにいろいろのものは、集まっては来まい。しかし、集まったものを自分の力でこなし切ってしまうことができなかったら、雑貨屋さんと同じで、自分の創造というものはあり得まい。それと反対に日本が、こうした世界的な文化に向ってエネルギッシュな消化作用を進めることができれば、結果は、おのずから、一つの統一ある自分自身の表現としての新たなる文化を創り出すということになろう。そしてそれをやる方法は、やはり現代が「科学の時代」に入り込んだという状況を是認して、そのなかから生れる可能性を取上げるほかはあるまい。

これは同時に、日本人に、一段と合理性を要求し、自主性を要請することになることは必至であろう。そして過去の因習の無意義にひとしいものは、おのずから脱落させてゆくことも容認しないわけにはゆくまい。

そこで私は、ここでもう一度、教育の問題に立返るのであるが、今後の教育のプログラムの根柢には、こうした考え方をもつことが必要であろうと思うし、そしてそれを実現するのに、わが国民が教育の対象としてすこぶる柔軟な素地をもっていると語ったことを思い出していただきたい。柔軟であるばかりでなく、その素地が欧米諸国にくらべても大変優秀なものであることは、海外の学校で学ぶ日本の青少年の優秀な成績が、いくらでもその見本を示してくれている。そうした素地をもっているにもかかわらず、一般的には日本の学生が、学校を出て社会的に働くということになると、とたんにダメになってくるというのは、おそらく日本の社会のあり方からくるものであり、したがって日本の社会の責任だというほかはあるまい。

抜き難い痼疾

ところで、ドイツ人やフランス人などは、いわば我々より先進的であるが、しかも、これからの問題ということになると、いくらか違った趣きがあるように思われる。これらのヨーロッパの国民は、何といってもこれまでの近代文化を自ら創造してきているし、いわば世界文化の峰《みね》つづきを歩いてきている。言いかえると、彼等はいま、過去千年に亙《わた》って、自分たち自らの手で一つ一つの煉瓦《れんが》を積み上げて築いた文化という建築物のてっぺんに足を据えて立っている、という自信をもっているのであるから、自分たちの考え方なり行き方なりについては、さしたる疑惑を持とうとはしない。その意味では、彼らはかなり頑固であって、その自らもつ欠点について、根本からの反省をするということは中々むつかしいのである。現在の日本人のように、自分たちの過去に間違いがあったというような考えに立到ることも、彼らにはなかなか容易ではないから、それぞれが持っている欠陥を是正してゆくということになると、これはまた、なまやさしいことではない。

ドイツ人をとってみても、一般のドイツ人がこんどの失敗で根本から反省しているような様子はあまり見られない。トーマス・マンだとか、マイネッケというような詩人や学者の警世の言も、国民一般にはなかなか徹底するところまでゆくまい。四十年前にドイツ国籍を捨てた評論家エミール・ルードウィヒも、この性懲りもないドイツ人に教えようとしている。彼は、戦後、ハイデルベルヒに帰って来て、かつてのヒットラー青年隊の連中に聞いた。――

「君たちはもうヒットラー敬礼はやらないのかい?」

みんな一斉に、もうやらないと答えた。

「どうして?」

「今じゃ禁止されているもの」

「禁止」"verboten"は、ドイツの秩序を守るためのドイツ人得意の言葉で、それは特にナチスの天下では横行していた。どこに行っても「禁止」の立札や文字にぶち当ったものである。そこで、ルードウィヒはいう。「こうして私は、ドイツ民族の返答を得たのだ。もし十年後に、ミュラーという男が権威の地位につくようになって、国民に右足を挙げて敬礼しろと命じたら、かならずドイツ国民はそうするにきまっている」と。

鉄は熱いうちに

ドイツ人のこの牢《ろう》たる癖はなかなか治療しにくい。青年ばかりのことではない。ドイツの大人たちも、失敗はヒットラーの所為であって、我らの関するところではないと考えているだろう。責任逃れはどこの国も同じではあろうが、それでも日本人にはまだ全体として誤謬《ごびゅう》を犯したという後悔の気持はある。いわば幾らか若く、幾らかウブなところがあるといえるのである。しかし、後悔はしているけれども、やがてそれを忘れるという危険は、決してないわけではない。消極的な、どちらかといえば、弱く柔かい性格には、この心配が大いにあるのである。そして実際に、責任ある大人たちの間には、もうそろそろ縒《よ》りが戻りかけているようなふしが見えないでもない。

若き世代にこそ、我々は希望をつながねばならぬであろう。ただその若き人々が、旧い囚《とら》われた思想から、新しい囚われた思想へと、見えない糸につながれて、はげしく動揺しているのは、この時代の激流のなかでは一応は無理もないことであろう。必要なことは、何よりもこの思想からの自由を、早く手に握ることである。そして、自分に責任のある自分の思想をもつことである。

鉄は熱いうちに打たねばならぬ。方向を見失っているいまこそ、教育が最大の重要さをもっている。ドイツが再度同じ失敗を繰り返したのは、第一次大戦後に再教育というものが全く看過されたためだともいえよう。ドイツ国民を度し難いと見るエミール・ルードウィヒは、それでも、教育のなかに、ドイツを欧州家族の一員とする唯一の可能性が残っていると見ている。彼はいわく、「何の容赦もなく、断乎《だんこ》として新しい教育を採用することである。新しいというけれども、実は古い教育のことである」と。

彼が言おうとしているのは、ゲーテ、シラー、カントのドイツ古典時代の精神の復興である。史家マイネッケもまた、ドイツ国民に対して「ゲーテに還れ」と叫んでいる。それは、ドイツ精神のもつ伝統の最高潮の時代であったからであろう。

我々もまた、全く新しい教育の大きなプログラムに、我々の希望をつながねばならぬ。ただ我々には簡単に還りゆく目当のゲーテはない。二重三重の文化の波をかぶっている我々の場合には、ことはそう簡単ではない。単純な形で日本の伝統を復活すればそれでよいというわけにもゆかない。そこで私は、何よりも知識を作り上げるに当っての根本的な態度をここで提案し、そしてその根本から出直すことを提議したわけであるが、出直すというよりも、それはいまの時代に立っているかぎり、如何なる国の人たちも、これからはそういう態度で立向かう以外にはないものである。

国民的合意へ

そしてそれは、いまの日本では、実は次の世代の教育だけに期待しておればそれでよろしいというような、そんなゆっくりした場合ではないことを、最後に強調しておくことが必要であろう。

というのは、我々が当面している現実の重大な問題は、たとえば外交についても、国防についても、要するに国の姿勢について、日本国民の意見がまるで真ッ二つに引裂かれているかのように見えていることを考えてみるだけで、それは容易にわかることである。この分裂は、何といっても危険きわまりないことではあるまいか。そこで、どうして国民そのものが真ッ二つに割れているかのように見えるかを、いまは冷静に考え直してみるだけのゆとりを持ちたいものである。

一つは、政党の見解に表現されているほど、それほど国民そのものの見解は決定的に分裂してはいないのではないかということにも、まず目をつけておきたい。しかし、それにもかかわらず、国民そのものが、またこの国の知識的な人々が、二つの対極にむかって動揺的であることも、たしかであろう。いうまでもなく国民は一つである。同じ国民として、この国が立っている同じ条件の上に生きているものが、なぜ、こんなに遠く離れ、互に相容れないほどの、別々の考えをもたねばならぬのであろうか。

　使用者と勤労者との立場の相異から、これだけの根本的な差異が発生するであろうか。そんなことは考えられない。それは貧富の差や地位の違いからくるのではない。経済的な利害の差が、全面的な思考の相異をもたらすと見るのは、明らかに間違っている。もし国民が、およそものを見、ものごとを考える仕方において一つであるか、乃至はあまり開きがなく、そしてその同じ仕方で平生やってゆく勉強と努力に、それほどの差異がなかったら、このまるで別人のように見える考えの遠心化は、発生し得ないはずである。左と右という我々に根深く食い込んでいる観念も、よくよく考えてみると、はなはだ奇妙なものだということにも、気づいている人は少くあるまい。

　私は、繰り返していうが、いまの日本で一ばん火急の必要である「国民的な共感と合意」(National Consensus) は、ものを見、ものごとを考える「方式」が一つになることによって、はじめて達せられるであろう。

附録

三つのデモクラシー

同じ言葉でデモクラシーといっても、いろいろの型があって、どうも一様ではないようだ。それも、古代ギリシャなどは問題の外におくとして、同じ時代で、国の境を接していても、それぞれ癖がちがう。

イギリス

やかましい詮索《せんさく》は専門家の仕事に任せて、ここでは素通りの旅行者の眼に映ったスケッチ・ブックを開いてみるだけだが、デモクラシーの家元がイギリスであることにはまず誰れも異存はあるまい。そのイギリスのデモクラシーの性格が「討論」だということは、これも多くの人が認めているところだ。「討論」というと、だいぶやかましく聞えるが、イギリス人やアメリカ人が、「一つその話は明日ゆっくりディスカスしましょう」というときのディスカッション（討論）ということは、あまり肩の張った討論ではなく、全く「話し合い」という意味である。だから、日本でよく「デモクラシーは討論である」というその討論も、そのほんとの性質は「話し合い」である。日本で近頃流行の「討論」をラジオや何かで聞いていると、それは文字通り「果し合い」であり、討ち合いである。相手の議論を真向から叩《たた》きつけ、相手の議論に勝つことが主眼で、ちょうど剣道か柔道の仕合のようなものである。学生対校討論会にいたると、全国高校野球戦と同様で、勝抜きで最後に優勝校というのが出てくる。これはただ勝てばよいというのであって、討論の結果として何か役に立つ結論を出してこようというのではない。そんなことは、とんと考えられていないようだ。しかしイギリスのディスカッションというのは、こういった討論のようなものではないようである。

イギリス下院の討議を見ていても、二間ほどの長さの机をへだてて、野党の弁士と大臣は向き合いになっていて、ひどく大声を張り上げなくとも、お互に話しかけるような調子でやれる。もっとも、イギリス紳士の悪いくせで、相手が話している間、アトリーでもクリップスでも、腕ぐみして足をのばし、靴は机のかどにどっかともたせかけて、靴裏を相手に見せている始末だが、これは男の癖でたいして無礼というのではないらしく、ただくつろいでいるといえるなら、大いにくつろいで聞いているということになろう。

労働者の集まりでも、学生の集合でも、お互に話をはじめると、すぐに誰れかが議長格になって、その話をまとめてゆく。話し合いだから、何か結論が出なくてはならぬ。その結論をまとめるために議長が出来るのであって、それが極めて自然にゆく。国民のあらゆる方面がこういうふうに、クラブでの話し合い式にやってゆく。こういう一つ一つが、いってみればデモクラシー政治の細胞であって、この細胞が積み重なっていって、一ばん大きな形になったものが議会で、それが国の政治をやはり話し合い形式で進めてゆく。

そこで私は、かりにこのイギリス人のゆきかたを「話し合うデモクラシー」といっておこう。

フランス

海をへだてたフランスはどうだろうか。ここでは、イギリスとはもうだいぶ行き方が違うようである。

現代市民社会の暁鐘を打ち出した大革命をもつフランスであるから、フランスこそ現代デモクラシーの家元であるべきはずであるが、このフランスの大革命に抗議した当時の「反動家」エドマンド・バークに代表されるイギリスが、いまはデモクラシーの本家顔をしているのは、一体どういうわけであるか。やかましくいえば、実は、イギリスの方がこの点でも古いのだといえようが、こみ入った歴史を抜きにして、フランス革命の情熱こそ、いまのフランスのデモクラシーをイギリスのそれと区別する標識といえるのではあるまいか。

大革命の後、一世紀半を越えて、世は第四共和国の時代となり、さらに第五共和国となって、そこにはもうフランス革命が主張しそして確立した共和制に反抗する何人もいそうにはないのに、フランスの政党には依然としてその名に「共和主義」を冠するものが多く、共和主義の敵がまだどこかフランスの隅に残ってでもいるかのように、敵を追いまわしているような趣きがある。大革命は遠い昔にすぎ去って、人はもうその頃から四代目にも五代目にもなるのに、いわばあの革命を罐《かん》詰にして、今だにフランスでは革命の罐詰を食っているようなところがある。

こんど解放後のフランスにあらわれた三大政党――共産党と社会党と人民共和党――とこれら三大政党が一九四七年の五月までつづけて来た連立内閣制の動きをすぐ隣の国から眺めていた私は、やはりその行き方にフランス革命の血が流れていると思った。連立内閣であるから、これらの政党の間には、野党と与党との間にあるような緊張はなさそうなはずであるが、実際はその反対であって、三つの大政党が内閣の中で果し合いをやっていたのである。そのうち共産党だけがとうとう内閣を飛び出してしまったが、そうなるとこんどは野党になった共産党と与党との対立となって、形式の上では二大政党対立の伝統的デモクラシーの形式には近くなったものの、実際はこの果し合いの気配がますます激烈になって来た。それは、どこから来るかというと、やはりフランス大革命の根柢《こんてい》にもあるドクトリン主義がその土台であって、三大政党はそれぞれはっきりした三つのドクトリン（教理）の上に立っている。あるいはそれぞれ三つのちがった世界観の上に立っているといってもよい。その奉ずる原理は、各々ちがった平面に足場をおいている。それぞれの平面はどこかで鋭角なり鈍角なりを描いて、いずれは互に交叉《こうさ》する。足場が全くちがうので、ほんとうの意味では妥協のしようがない。そして平面と平面の交叉は勢い衝突の形をとらざるを得ない。どちらかが負けるまでは、どちらも後には引かぬといった調子が、この自由の国フランスのデモクラシーの気分を覆うている。

その奥の奥を詮索することはここでは断念して、かりに私はこれを「果し合うデモクラシー」と名づけておく。

スイス

さて、フランスからユラ山脈を越えただけで、まったく違った天地がアルペンの要害に囲まれて、静かなデモクラシーを作っている。いうまでもなくスイスである。

この国も、デモクラシーではかなり古く、従って著名でもある。三つの郡を代表してやってきた農民が出会って、今後仲よくやってゆこうという誓いから始まったという謂わゆるスイス盟約国で、その盟約は今日まで頗《すこぶ》る堅く守られていて、東ではドイツ語、西ではフランス語、南ではイタリー語やロマーニッシ、それにドイツ語系のスイス語を語る寄り合い世帯にもかかわらず、平穏無事な四民平等のデモクラシーを作っているのであるが、寄り合い世帯の誓約を基としたものであるだけに、一旦《いったん》きめた約束はお互に固く守るのでなければ国は立ってゆけない。そこで、制度はすこぶるかたく固定しておって、なかなか動かそうとしない。それは、この国の政治を見てもわかる通りで、戦後各国で政党分野に大異変が起っているのに、この国の社会民主党はごくじりじりとしか伸びてゆかないし、共産党も戦時中の禁止から解放されたけれども、大して気勢はあがらない。いうまでもなくデモクラティックな議会制で運用されている制度ではあるが、その制度そのものはなかなか動かさぬ国である。その動かぬ国にどうして進歩というものがあることになるだろうか。

制度が動かぬとなれば、やはり不都合が出てくる。その不都合は、約束は約束でもやはり人間のことだからぶつぶつ言わせる。そういうわけで、スイスの人は、ぶつぶつ文句を並べることがすこぶる得意である。雨が降る。スイスの人は、「天が文句をいっている、天が reklamieren《レクラミーレン》 している」という。しかし、この文句をいうことは、ただいつも不平を並べているというだけの意味ではない。もともと消極的な意味をもつこのレクラミーレン、英語でいえばコンプレーンを、積極的に使うことがスイス人の得意とするところである。すなわち「抗議」するのである。制度は固定している。だが、あなたはレクラミーレンしなければいかぬ！　抗議をなさらなければならぬ！　文句をいったらよい！　こういうわけである。

そこで、私なども、ついにレクラミーレンすることを覚えてしまう。例えば私が東京と電話する。月末になって、四十五分間の通話で一千フラン也《なり》という勘定が届けられる。しかし電話は空中状態がわるく、話は思うようにはゆかなかったのである。初めの十五分は「もしもし」で終り、次の十五分間でやっと話が出来たが、最後の十五分間は最初の十五分をもう一度繰り返さねばならぬ状態であった。依《よ》って、この勘定書通りに支払えぬと思うから、もう一度通話のときの状態をコントロールされ度《た》い、と私はレクラミーレンしたのである。すると数日の後に、電話局から手紙が来て「お申出により調査致しましたところ、過般東京とのお通話中は、当方においてコントロールを怠っていたため、東京よりの通告にもとづき料金を請求致しましたが、貴下の今回の申出が正当であると認め、料金は三百五十フランに訂正致します。今後も東京とのお通話が快適にゆくことを祈ります」と書いてある。

こういう次第で、若《も》し制度の運用に少しでもおかしいと思うことがあったら、あなたはいつでも文句を言わなければいけない。その抗議によって、固定した制度の幅がほんのわずかではあるが変更される。そしてそういったことがつづくことによって、制度そのものが少しずつ変えられてゆく可能性が出てくる。いわば、ぶつぶついう文句が、あるいは文句をいう自由が、または抗議することの自由が、固定して動かぬものを、急激に変革することから起る危険を避けながら、少しずつ動かしてゆくというデモクラシーで、そこに漸進的ながらふだんの進歩が保証される。

これが山国に住む堅気のスイス人の行き方で、かりに私はこれを「文句をいうデモクラシー」という名前をつけておく。

そのほかの国のデモクラシーは、ここにはさておく。さて、それならば、わが日本のデモクラシーには、一体何という名をつけたらよいものであろうか。

角川文庫版の刊行に際して

この小さな書物を出してから、もうかれこれ七年になる。書物はそれぞれ自分の運命をもつと言われているが、この小著は身にあまる幸運にめぐまれて、世の年少の人々に愛されて来たようである。これは、著者として感激のほかないものである。

その間、不勉強な私の考えも多少の前進を見たようには思うが、この書物の中で、英、仏、独の三ヵ国について書いたそのそれぞれの国民の考え方なり物の見方なりについては、別段、修正を要するようには考えない。ただ日本のそれに関しては、その後いろいろと考えさせられることが多く、本来仮りの記述をしている本書の中のこの部分の考えには、もっともっと書き加えなければならぬことが沢山できてきた。それらのことは、折にふれて、あちこちの雑誌などに書いては来ているが、一度その全体をまとめてみなければ気持ちがおさまらぬようになってきている。それは、いわば自分自身への義務でもあるかのように感じられてきているのであるが、これは遠からぬうちに果したい。そうすれば、この本の中の日本に関することの不十分は、いくらかでも補うことが出来るし、読者の期待にも幾分かはお応えすることができようかと思う。

ついでに一こと言っておきたいのは、この書物の目指しているものは、イギリスやドイツやフランスなどの「思想」を述べようとしたのではなくて、そういういわゆる「思想」とか或《ある》いはもっと一般の人々がごく普通に抱いている「考え」といったものの中にある一つの癖を引出してみようとしたものである。だから「考え」そのものではなくて、「考え方」である。そういう考え方であってみると、それは思想や考えの中にあるばかりではなく、日常茶飯の実際の行動の中にも何らかの姿をあらわしていると見てよいのである。日本では、よく何々の思想とか、誰れそれの思想とかいうように、すでに出来上った思想に興味と関心が持たれるのだが、実はそれよりも、そういう思想の出てくるそのモトになっているような人間の「行き方」といったらよいか、心の奥の癖といったらよいか、そういうものに目をつけることが大事だというのが、私のこの書物の眼目となっている。そういうふうに見てくると、ほかならぬ我々日本人の「行き方」とか、心の奥にひそむ癖とかは一体どんなものかということが、何より肝腎《かんじん》の問題になってくるのだが、これについては、実は私はまだハッキリした答を出すことができないでいるのである。

これは私の不明と不勉強の所為ではあるが、しかしそれがなかなか摑《つか》みにくいというところ、そこに、どうも日本の悲劇の一つがありそうにも思われる。

こんなことがある。——

私どもは普通に平気で「それはデモクラシーの行き過ぎだ」などとよく言う。ところが、この言葉を聞くイギリス人は、どうも意味がよく分らぬというらしい。というのは、イギリス人にとっては、デモクラシーというのは、主としていま現にイギリス人がもっている社会的なあるいは政治的な事実を指すのであるから、そういう事実は現に眼の前に在る通りであって、それの良し悪《あ》しは議論になっても、それが行き過ぎであるかどうかは摑みようがない。というよりは、それは行き過ぎようにも行き過ぎようがないのである。行き過ぎるということは、その前提として何かの規準があって言えることであって、その規準と対比した場合に、はじめて事実の方が行き過ぎているとか、行き足りないとかいう考えが出てくるのである。日本人の頭の中には、デモクラシーという一つの思想があり、一つの観念がある。一つの規準が観念的に先に出来ているのである。しかしその規準は、自分で作ったものではなく、他の国の事実にもとづいて観念的に出来たものである。その規準と自分たちの実際行動とを比較して見ているので、その行動が行き過ぎだというような表現をとってくるのであろう。そして、そういうことになるのは、その行動やその行動の結果として出来てくる社会のシステムといったものが、この国民の心の奥にある癖がはたらいておのずから作り上げられたようなものではないからだ、と言えようかと思う。

しかし、それだから日本のデモクラシーは駄目だという結論が、そこから直ぐに出てくるわけではない。しかし、少くとも事が現代生活の秩序といった問題になってくると、日本人の「心の奥の癖」といったものをどう見たらよいかという問題は、なかなかむつかしい。いわば「ものの見方」は、日本人については、なかなかむつかしいということである。そういうわけで、この問題の解決はいましばらくお預けにしてもらいたい。

この本を最初に出した河出書房が不幸にして解散することになったので、請われるままに角川書店からこれを文庫版として出すことになった。この機会に、一言、将来のことにも触れていまの気持の一端を述べさせて貰《もら》った。読者諸賢の御諒承《ごりょうしょう》を願いたい。

昭和三十二年八月七日

笠　信太郎

解説

河野通和

年配の人であれば、学校の試験や問題集などで、何度も出会っているはずです。キャッチーで、見事な書き出しです。

〈イギリス人は歩きながら考える。フランス人は考えた後で走りだす。そしてスペイン人は、走ってしまった後で考える。——（中略）この筆法でいうなら、ドイツ人もどこかフランス人に似ていて、考えた後で歩きだす、といった部類に属するといってよいかも知れない。歩きだしたら、もうものを考えないというたちである。それでは、これに型どっていったら、我々日本人は一体どういうことになるだろう。この四つの型の中のどれに似ているだろう。〉

これが当時は〝流行語〟のようになったといいます。軽やかで鋭く、平明であって思索を促し、具体的、日常的であってエスプリに富む——この快いリズム感と文体は、作品全体をつらぬく特色です。

考え抜かれたことばを適切に用いながら、懇切丁寧、噛《か》んで含めるように説いてゆく姿勢は、一人でも多くの読者にしっかりメッセージを届けたいという著者の情熱と願いを感じさせます。

本書は一九五〇年（昭和二五年）八月三〇日に河出書房から刊行されました。二七〇ページで定価二〇〇円。たちまちベストセラーになりました。敗戦の痛手からようやく立ち直り、徐々に暮らし向きは良くなってきたものの、この先国際社会に復帰した暁には、どのような態度で諸外国とつきあえばよいのだろう？　悲惨な戦争を招いた戦前の過ちを繰り返さないために、日本人はどのような生き方や考え方を身につけるべきなのか――。

「戦後日本のスタートに当たって、方向感覚を喪失した日本人に、いかにフレッシュな印象を与えたかは、今日からは想像を越えるものがある」（粕谷一希『戦後思潮』）というように、日本人の渇いたのどをうるおす湧き水のごとく、精神的渇望をいやす待望の一冊として広く歓迎されたのです。

著者、笠《りゅう》信太郎は当時、朝日新聞の論説主幹。七年三ヵ月におよぶ欧州勤務を終え、日本に戻ってきたのが一九四八年二月でした。同年一二月に論説主幹に就任し、以後一四年間、同紙のシンボル的存在として、社論の形成に心血を注ぎます。

一九〇〇年（明治三三年）福岡県生まれ。博多の生家は小間物兼化粧品問屋でした。福岡県立中学修猷館《しゅうゆうかん》（現在の修猷館高校）に進学。小説『落日燃ゆ』（城山三郎）の主人公である元総理・広田弘毅《こうき》、政界の雄・中野正剛《せいごう》、朝日新聞の緒方竹虎などを生んだ県下随一の名門校です。その後、東京高等商業学校（現在の一橋大学）に入学。同校が東京商科大学に昇格するとともに大学に進み、そこで本書の「序——初版のためのことば」にも言及されている三浦新七教授の論文「古代ユダヤの国民性」と出会い、学問を志します。

「現象の基にあるものから歴史をとらえ直し、民族特有の考え方を強調したという三浦の影響は、笠が戦後書いてベストセラーになった『ものの見方について』にまで及ぶだろう」（河谷史夫『新聞記者の流儀』）とあるように、ジャーナリストとして現実問題にかかわりながら、同時に文明批評的な視点を忘れず、現象の背景に眼差《まなざ》しを注いだ笠の一貫した姿勢が、ここに胚胎《はいたい》したといえるでしょう。

大学卒業後は、社会主義や労働問題の研究機関として知られた大原社会問題研究所で研究生活を送ります。一九二九年一〇月、世界恐慌が始まり、一九三一年九月、満州事変、一九三二年五月、五・一五事件、一九三三年三月、日本は国際連盟を脱退、次第に国際社会での孤立を余儀なくされます。大原社研で七年余、経済学者として名をなしたところで、一九三六年一月、朝日新聞に転じます。修猷館の先輩にあたる同紙主筆の緒方竹虎が、笠の才能、人柄を見込んでリクルートしました。

ひと月後に二・二六事件が勃発。朝日新聞東京本社を襲撃した反乱軍将校を前にした緒方の冷静沈着な対応は有名ですが、時代はますます戦時色を強めていきます。九月、論説委員就任。翌一九三七年七月、日中戦争勃発、一九三八年四月、国家総動員法公布。

政党政治が無力化し、軍部が圧倒的な発言力、実行力を備えてくるのに対抗し、近衛文麿を中心とする新体制運動が提唱され、そのブレーンとして「昭和研究会」が組織されます。アジアの解放、中国との和解をめざし、そのための国内革新を模索する新進気鋭の知識人が集います。笠は、哲学者の三木清、政治学者の蠟山政道らとともに参加します。

やがて、右翼や軍部からの脅迫が激化し、笠の身の上を案じた緒方竹虎は「戦時下の欧州視察」という名目で、笠に欧州特派員を命じます。四〇歳の単身赴任でした。

それから七年余、欧州特派員としての健筆ぶりはつとに知られるところです。「朝日の読者は『笠特派員』と署名の入った記事をいつも待ちこがれていた」と井上ひさし氏は証言しています（『完本 ベストセラーの戦後史』）。この時の見聞や洞察が、「欧州からのみやげ話」のつもりで書いたという『ものの見方について』に反映されていることは言うまでもありません。また、スイスのベルンを舞台に、OSS（米戦略情報局）欧州本部を介して進められた極秘の終戦和平工作で、笠は重要な役割を演じます。生涯この件については沈黙を守りますが、坂田卓雄『スイス発緊急暗号電──

―笠信太郎と男たちの終戦工作』に詳述されるところです。

さて、欧州から帰国した後は、論説主幹として一四年間、社論をリードすることに精魂を傾けます。「主筆ハ社論ヲ定メ筆政ヲ掌《つかさど》ル」というのが、当時の「主筆規定」だったそうで、「筆政」ということばに、新聞人としての矜持と気概を感じます。

朝日新聞東京本社六階の論説委員室の一角には、いまも笠信太郎の肖像画（画・池辺一郎）が掛かっています。「この人、誰ですか?」「……?」というようなことはさすがにないそうで、毎日午前十一時から開かれる後輩たちの会議の模様を、論説委員長の定席の斜め後ろの壁から見守っています。

この解説を書くために、その絵を見に行った私は、一九六〇年五月二一日の社説を読ませてもらいました。「六〇年安保」として知られる一九六〇年の日米安保条約改訂に際し、自民党は五月二〇日午前〇時六分、単独採決の挙に出て、新安保条約を強行採決します。ただちに、みずから筆を執った笠の社説は、二一日付朝刊の一面トップに据えられます。異例中の異例の紙面です。

〈国会は、憂慮されたとおり、安保審議の最終段階に至って、ついに、最悪の事態に突入した。これは、もう、民主政治のもとの正常な国会だとは言えないものとなった。このゆがんだ「異常」に、日本国民が次第に慣れっこになっていったら、国民はいつの間にか、民主主義の圏外遠くに立っている自分自身を見出すことになろう。これは国民としては思いも寄らぬことであり、恐ろしいことである。（略）国会は、このところ、審議とはうわべだけのことで、与野いずれも〝戦術〟ばかりを練っていた。改定安保条約をただ通すだけのための戦術と、これをただ阻むだけのための戦術に、明け暮れていた。それに頭を突っ込んでしまっているから、自分たちが、どんな大きな間違いを犯しつつあるかが、まるで見えなくなってしまっているのだ。

国会は、勝敗をきめる競技場ではない。もとより、戦場ではない。それは討議し、審議し、互いに反省し、憂慮して、慎重に国の進路を決定する場所である。国会議員の栄誉と品位は、それが出来るということにかけて、存在するのである〉

いま書き写しながら、とてもこれが六〇年近く前の文章と思えないことに愕然《がくぜん》とします。平易でありながら、気迫のこもった文章の古びない魅力もさることながら、それよりもなお、これがまるで昨今の国会を論評しているように読めるところが空恐ろしいばかりです。

本書において、笠が推奨するのは「歩きながら考える」イギリス人のスタイルです。実行と思想が離ればなれでなく、いたずらに観念的になったり抽象的な議論に走らず、身近な問題を自分の経験に即して考えながら、それをたくさんの人たちと話し合う。それによって、ひろく共有される認識、すなわちコモン・センスをつくりあげていく

――。

話し合いは、一つの事象をさまざまな角度から多面的に見る習慣を身につけさせます。その結果、「寛容」の精神が生まれ、同時に、多様な見方の大小軽重を見定めるバランスやプロポーション（均衡）の感覚が磨かれます。たとえば、政治的な見解として、民主主義的な考え方、自由主義的な考え方、キリスト教的な考え方、社会主義的な考え方といったいくつかの主流があるとすれば、イギリス人はどれかひとつに帰依するというのではなく、それぞれの要素を自分の経験や考えに基づいて併せ持ちます。

「そこに思想を枢軸としない社会、相手をも含めた全く人間中心の社会」が育まれ、「理屈倒れの観念的な自由ではない、実際的な自由が、成立するのである」と。

笠はこうした「人間の自由」を重んじる気風に、これから先の日本がお手本とすべき成熟した「ものの見方」を見出します。歩きながら考え、考えながら歩く日本人の未来を――。

さて、現在のイギリスの議会はどうなのか？　ＥＵ離脱を決議した際の、いやその後の混乱はどうなのか、というような指摘は可能でしょうが、それは本書の価値を貶《おとし》めるものではありません。さらにもう一つ、笠がここで着目し、高く評価しているのは、イギリスの高級新聞（クオリティー・ペーパー）の存在です。

〈……イギリスの知識層がタイムズのような立派な新聞をもっているということは、イギリス人の性格とその水準を示していると言えるのである。日本にはまだそれだけのものがない。そのことは、プロポーションの取れた頭と取れない頭との、よい対照を示しているといってよかろう〉

これも現在のメディア環境に照らせば、再検討を要する部分に違いありません。ただ本書で、笠が展開した思考の道筋はいまなお重要な示唆に富んでいます。笠が戦前・戦中・戦後の経験を糧に、本書で語りかけたメッセージの意味はいささかも変わらないばかりか、言論の分断状況が危惧されるいまこそ価値ある「ものの見方」と言えそうです。

（ほぼ日の学校長・編集者）

本書は一九六六年七月、角川文庫として刊行されたものです。